U0948675

主宰和说服的关键能量

控场

Ultimate Control

[美] 菲尔图●著

CNS PUBLISHING & MEDIA 中南出版传媒
湖南文艺出版社
HUNAN LITERATURE AND ART PUBLISHING HOUSE
博集天卷 CS-BOOKY

图书在版编目（CIP）数据

控场 /（美）菲尔图著 . —长沙：湖南文艺出版社，2014.3

ISBN 978-7-5404-6610-7

Ⅰ . ①控… Ⅱ . ①菲… Ⅲ . ①人际关系学 – 通俗读物 Ⅳ . ① C912.1–49

中国版本图书馆 CIP 数据核字（2014）第 026773 号

上架建议：励志 · 成功心理学

控　场

著　　者：（美）菲尔图
出 版 人：刘清华
责任编辑：薛　健　刘诗哲
监　　制：蔡明菲　潘　良
特约编辑：温雅卿
封面设计：主语设计
版式设计：李　洁
出版发行：湖南文艺出版社
（长沙市雨花区东二环一段 508 号　邮编：410014）
网　　址：www.hnwy.net
印　　刷：北京鹏润伟业印刷有限公司
经　　销：新华书店
开　　本：880mm × 1270mm　1/32
字　　数：240 千字
印　　张：8.5
版　　次：2014 年 3 月第 1 版
印　　次：2014 年 3 月第 1 次印刷
书　　号：ISBN 978-7-5404-6610-7
定　　价：32.00 元
（若有质量问题，请致电质量监督电话：010–84409925）

目 录 CONTENTS

Part 2 控场的渴望：通过练习改变气场

Part 3 控场的关键：看穿对方才能驾驭对方

Part 5 控场的“诡计”：气场不够强大时的策略

Part 6 控场与职场：提高职场地位的通路

Part 7 控场与销售：把东西卖给任何人

Part 8 控场与谈判：让对方被你牢牢掌控

序

当你学会控场，世界就会听话！

在你的生活中，你的人际网络里，你是否能成为真正的中心？

你是被别人所支配，推动着自己一步步行动，还是可以掌控全局，成为一个名副其实的主宰者？

太多人向我发出疑问："为什么我们活得如此被动？"

我对此的回答是："当你习惯了被动，你就永远无法获得主动！"

这本书，将会让你重新获得主动权，无论是在一般的人际关系中还是在职场上，包括销售领域，甚至是最高端的商业谈判领域。我们所讲授的原理和技巧，可以帮助你轻松地成为人际网络的中心，使你掌控他们的思想，吸收他们的力量，支配他们的行动——包括地位和背景远高于你的人。

而且，当你成为人际网络的中心之后，你的力量会发散开来，会有更多的好事向你扑来，你会感觉自己具有了"呼风唤雨”的魔力，你将成为心想事成的人。为什么？因为当你有了主宰任何人的能力时，你想要的绝大多数成就，都可以通过主宰和支配别人而得到。

或许你心存怀疑：“会有这样的好事发生在我身上吗？”

不用我回答，上过控场这门课程的学员会如实地告诉你：答案是肯定的，好事会接二连三地发生。

过去几年里，我和我的团队成功地开设了这门课程——控场。控场是一种先进的理论，同时也是一套实用的技术。其终极目标在于向对方的大脑传输想法，并制约对方的行为。

为了实现控场的终极目标，我们的核心课程分为三个阶段：1.掌控自己的气场；2.看穿对方的心理；3.掌控对方的行为。其中第一个阶段会帮你改变自己，第二个阶段会帮你看懂对方，第三个阶段会帮你掌控对方。你不能跳过前面的两个阶段，直接学习第三个阶段。

除此之外，根据不同人群的需求，我们还设立了管理控场课、销售控场课和谈判控场课。这些更有针对性的课程不仅是控场理论体系的强化，更是控场理论在日常生活和工作中最好的应用！

控场之所以能在人际关系中，拥有如此巨大的改变力量，是因为控场理论首先改变了你的能量，然后帮你在你和别人的大脑之间建立了一座无形的桥，你通过这座桥来向对方传递你的思想和力量。请你记住，控场不是洗脑，更不是催眠，而是一种科学的掌控技术。它的有效性正得到全球使用者的认可。我欣喜地发现，在完成控场的学习之后，人们的生活发生了翻天覆地的变化。

一位来自田纳西州的女士麦琪，参加课程之前，还在为不听话的下属和孩子而头疼，但是控场的学习改变了她。她仅仅做了一些简单改变，便重新取得了人际关系的主导权。现在，她身边的每个人都乖乖听她的话！

一位来自纽约的警察墨菲，是我最好的朋友，也是控场课程的早期学员。他曾经使用了控场的技巧，在短短几分钟内，成功解救出一名因人生受挫而想要自杀的女孩。

一位来自亚特兰大的技术员库萨克，在默默工作五年后，通过控场的学习，改变了自己的气场和沟通方式，重新在企业中建立起关键性的人际关系，短短几个月就获得了职位的大幅晋升！这一切都是他不敢想象的！

一位来自底特律的销售员格森，曾是一位业绩惨淡、喜欢抱怨的销售员。我说服他认真学习控场技术，他做到了。结果，格森不光吸引了更多的客户，还大幅提高了自己的成交率，成为公司最棒的销售员！

还有很多企业管理者和私营业主，他们放下身段，认真地投入控场课程的学习和训练中，这使他们的企业管理和商业谈判能力获得了大幅提升，他们成为控场技术的受益者和传播者……

现在，你希望这样的好事发生在自己身上吗？

如果你真的想，那就请你阅读这本书。在这本书中，我们把控场课程中最精华的原理和技巧浓缩出来。你既可以掌握控场的基本原理，也能学到控场的技巧。只要读懂这本书，使用这本书中所传授的技巧，你就可以获得支配别人、主宰人际的能量。

让世界听你的话，相信你一定可以做到！

Part 1 控场的秘密：制约对方并传输思想

◎为什么世界总不听话

人们总是希望这个世界按照自己的意愿运转，希望身边的任何人都听从自己的安排。事实上你会发现，让别人听从你并被你引导是一件极为困难的事情。

不知道你有没有这样的经历，当你在兴致勃勃地跟人说话时，当你准备陈述自己重要的观点时，却发现对方的眼神游离在别的事物上，或是干脆把头扭向一边。

你很气愤，但是你无法大声地训斥对方："你怎么这样没礼貌？""你为什么不能安静下来听我讲？"

你为发言所做的准备，都成了无用功。你或许早已设想好，当你有效地说服对方之后，他或她会做出令你满意的行动。

但，结果总与你的设想相反。

人是有思想的动物，你可以把一个人拉到面前听你讲话，但是你无法保证他真的听进去了，并思考你的话，受你的影响和掌控。

或许，当你想向对方推荐一款新产品时，他正在走神，想着晚上到哪里去消遣，或想着明天的球赛会是怎样的结果。出于礼貌，很多人并不会打断你的话，但你所说的话并没有真正进入对方的大脑，与之形成共鸣。

还有一些时候，你会发现，别人听完你的话连连点头："好的，我一定怎样怎样。"但实际结果令你失望，他并没有按照之前的口头协议行动，你依然没有得到你想要的结果。

在工作和生活中，真正给我们带来痛苦的并不是我们自己，往往是这种令人感到头疼的人际关系。你会不会也经常在心里思考着类似的问题：

"为什么孩子们不肯听我的话？"

"为什么一到我发言，别人就玩手机？"

"为什么客户更喜欢和她打交道？"

"为什么明明我说的是对的，就是没人听？"

其实，归根结底，你应该问自己的是："为什么我不能吸引别人的注意力并有效说服他们呢？"

如果你能解决好这个问题，你就会发现，你的生活将发生翻天覆地的变化。然而遗憾的是，大多数人习惯于自己固有的说话和社交模式，满足于现状，直到问题真正出现了才会感到苦恼，而有意事前去解决这一问题的人很少。

我的一位客户韦斯特·约翰逊是北部地区一家大公司的总裁，他曾经深陷苦恼。他找到我，对我说："我的下属总是不听话。每当我和他们说工作的时候，他们总是'假装'在听，但错误还是接二连三地犯。"

"那么，你怎么知道他们是'假装'在听？"我反问道。

"我能感觉到，他们不是目光呆滞，就是低着头一动不动。我越是大声，他们越是没有反应。"约翰逊很生气地说。

"我想，这与声音大小并没有直接关系，你可能需要改变一下说话方式，以引起对方的注意和思考。"我知道这是一位很严厉的老总，"你只需要做到三点，就会有很大改观。"

"请问，是哪三点？"

"第一，降低你的音量，并保持微笑。这样会让对方更容易放下心理上的抵触。"我很直接地告诉他，很大程度上，高高在上的老板形象会让员工产生惧怕的心理，"第二，适当开开玩笑，交流时的气氛很重要。"

约翰逊似懂非懂地点了点头。

"第三，把你想要重点指出的事情，反复传达给每个人，不要总想着只说一次就能让所有人都听进去并形成意识。"

“那样会不会很啰唆？”

“有时候啰唆并不是一件坏事。你可以通过重点强调、说故事、讲笑话的方式来传达，但是要做到重复。”我笑着说，“试着照我说的三点去做，你就会看到效果。”

过了一段时间，约翰逊专程来拜访我，握着我的手说：“真是太神奇了，我发现我的员工现在很喜欢听我讲话。我感觉自己不光像个老板，更像个演讲家，他们现在能记住我的话了。”

是的，让别人听你的话，其实不难做到。只需自我改变，你就能发现，这个世界可以很听话。

◎控场者的神奇力量

地球上的人，可以按照年龄来划分，为婴儿、儿童、青少年、青年、壮年、中年、老年七种；可以按照血型，分为A、B、AB、O四种；还可以按照九型人格来划分等。

在人际交往和沟通方面，我更愿意将人划为两类：控场者和被控者。

那么，你或许会问，什么是控场者。控场者，是指进入某一人际沟通、谈判环节，能够有效引导对方（一人或多人），并向对方传输思想，说服对方的人。简单来说，就是能够有效控制场面并影响在场所有参与者的人。

而被控者则正好相反，是被控场者所引导，而被控制住思想的那一方。

比如在电影《王牌对王牌》中，出色的谈判专家丹尼被人陷害，不得已绑架了警察局长作为人质。而另一位经验丰富的谈判专家史宾恩前来与其谈判，希望丹尼释放人质。从一开始，史宾恩想成为一名控场者，主宰这次谈判，让丹尼成为被控者。但是，在谈判的过程中，丹尼通过自己的努力成功说服了史宾恩，让对方成了被控者，从而帮助自己洗脱了罪名。

在现实世界里，这种情况屡有发生：控场者和被控者发生了角色对调。无论怎样对调，最终都是以控场者的胜利而告终。

你有没有想过成为一名出色的控场者呢？

或者，你会问，为什么要成为一名控场者呢？我们又不需要像电影里演的那样，到处去谈判，去解救人质，去说服罪犯投降。

如果你这么认为，你就太小看控场的神奇力量了。从某些角度来讲，我们这个世界完全是被控场者所掌控的。比如一位深谙此道的政治家，可以通过自己的控场力量引导公众相信自己的言论；一位出色的企业家，可以通过控场的力量来让团队心甘情愿地展开工作。

我曾经认识一些很有想法的创业者，帮助他们联系过风险投资的负责人。在谈话的开始，投资人的几句话就问住了这些创业者，他们在场面上一直处于被动。于是，风险投资家放弃了投资。至少他们告诉我，这些创业者无法掌控一家更大的公司，他们缺乏那种沟通上的气场，也就等于没有领袖气质。

再比如，生活中，控场的力量也无处不在。一个很好的推销员，简单说几句，就让你埋了单；一个很有办法的母亲，通过沟通就让孩子打消了购买高级玩具的念头；一个很会说话的病人，轻轻松松地就让医院为他更换了更好的手术医师。

这些都是控场的力量在起作用，都可以通过学习和实践而获得。反过来想，如果你不具有这种力量，你的生活会怎样?

你会成为任何产品都卖不出去的推销员、一个每天都在抓狂的父亲或母亲、一个完全把健康交给别人的患者。总之，你的人生永远被别人所制约，从而失去了主动争取的机会。

这听上去有些可悲，但事实就是如此。

所以，你如果想过更好的生活，拥有更棒的人生，就必须掌握控场的技术！让对方相信你，这是开始控制对方的前提。

◎让对方相信你是前提

在过去几年间，我接触过形形色色的人，研究不同人的说话之道。其中大部分人的言辞是很乏味的，因为他们没有找到真正打动人心的秘诀。而极少一部分人懂得说话与控场的真谛，并不断使用，最终成为强有力的控场者。

其实，简单点说，想要真正控制对方的思想和情绪，就是要让对方相信你的话，认同你，并感觉你是在为他好。

在这一点上，美国几乎所有的总统在竞选或执政时，都会采用这样的方式，来说服大众支持他们。我们来看奥巴马在《我们需要的变革》的演讲中，反复出现的手法：

“我们属于美利坚合众国，现在如此，永远如此！”

“我们美利坚民族……”

“在这个国家，我们作为同一个民族，同生死共存亡。”

“我们美国人的经历各有不同，但我们的命运相关。”

“现在，我们坚信美国式信念——是的，我们能！”

“因为它凝聚了整个民族的精神。”

……

是的，在这一篇演讲中，奥巴马反复使用同样意思的词汇，“美利坚”“民族”“美国”，不断在听众的脑中强化这个概念，让每个不同的个体都认同他的民族观，从而更容易接受他的其他观点和做法。

其实很多时候，那些看似啰唆的话并非毫无用处。不断重复，在对方的潜意识里形成共鸣，就会逐渐增强对方的印象，从而形成信任感。

让对方相信你，最重要的是要努力给予对方值得信任的感觉。你可以通过外形、表情、语言和行动，带给对方这种信任感。

某年的美国大选，小布什获得了全胜。一家研究机构调查了上万名选民，得出了非常有意思的结论：小布什在所有竞选者里不是最英俊的，也不是语言最出色的，但正是因为他的那副很老实的面孔和略朴素的语言，给人们留下了他是值得信任的感觉，这是他获得民众支持很重要的一点。

我们再来看一位口才平平的大学毕业生是如何成为销售冠军的。

这位大学生，毕业之后到了一家大公司。这家公司是卖翡翠饰品的，规模相当大。本来这名大学生是应聘公司职员的，可是上面把他分到了公司下面的店里站柜台，让他向客人卖翡翠。

虽然当一名销售员并不是这个大学生的理想，而且他深深知道自己的口才并不出众，但是他想，既然分到了这里就应该安心地干下去。

干了仅仅一个月，这名大学生竟然成了那个月里全店售货员中卖出翡翠最多的。

那么，这名大学生采用了什么样的销售方式呢？就是先赢得顾客的信任，再有效说服对方。

当一位客人到来的时候，一般的店员都是向客人说自己经营的翡翠是多么好，价钱是多么合理。

但这名大学生并不是这样，他先是向对方说出这种翡翠的价格，然后对客人说："这种翡翠是一种顶级的品质，如果不是有些微瑕，它的价格就不是现在的这个价格了。"

然后他就向客人指出那种翡翠的微瑕，然后再向客人讲解一些鉴定翡翠的技巧，并告诉对方翡翠的收藏价值和升值空间。

结果，客人总是高高兴兴地买下了他推荐的翡翠。

我相信，在生活中你也会碰到这样的情况。你会厌烦那些滔滔不绝地向你推销的人，更喜欢那些看似实在的推销员，因为你相信他了，他们成功地引导了你的认知。

当然，让对方相信和认同你的方式还有很多。你甚至不用说话，仅靠自己的行动和行为，就能达到这样的效果。

乔·吉拉德是历史上最伟大的销售冠军，连续 12 年荣登世界吉尼斯纪录大全销售第一的宝座，他所保持的世界汽车销售纪录——连续 12 年平均每天销售 6 辆车——至今无人能破。他也是全球最受欢迎的演讲大师，曾向众多世界 500 强企业精英传授他的宝贵经验。来自世界各地的数百万人被他的演讲所感动，被他的事迹所激励。

吉拉德在销售中很有说服力的一个做法就是，即使他每年有数百万美元的佣金，他也一直使用他所销售的雪佛兰牌汽车。这个举动被大家所传诵，就是最好的心理暗示。

总之，无论你通过何种方式，是语言、外形还是举动，首先要取得对方的信任感，这是你成为一个控场者的前提。

不要着急，我们会在后面的内容中重点学习赢得信任的技巧。

◎控场者的终极目标

控场者的目标很清晰，也只有一个，就是让对方听从你的安排。

我知道这对很多人来说确实有点难，但是真正出色的控场者总是能够找到突破口，实现这一目的。

汉克斯就是一个相当不错的控场者，他的真实身份是一家大型电子商务公司的采购主管。在一次和供应商的谈判中，他展示出了控场者的本色。他的谈判对手瑞奇是一家大型运动品牌的销售负责人。

瑞奇是个十分老练的家伙，他首先向汉克斯介绍该品牌的市场占有率，以及下一阶段可能要做的大规模广告投放。他说，目的只是为了让汉克斯给他们一个比较满意的提货折扣。

汉克斯明白这一点，他一边微笑着耐心倾听瑞奇的话，一边拿着笔认真地做着记录。瑞奇觉得汉克斯已经被他征服了，于是更加滔滔不绝地介绍着公司的产品。终于，在陈述了半个小时后，瑞奇放慢了说话的速度，他已经把要说的都说了个遍。

汉克斯试探性地问了一句："瑞奇先生，还有什么想要和我们分享的吗？"

瑞奇喝着咖啡，摇了摇头："我已经表明了我的立场，现在需要你们考虑一下我提出的折扣，当然，这也是我们公司的底线。"

汉克斯微笑着说："是这样，瑞奇先生，我也代表我们公司和你交个实底，你们要求的折扣对我们来说比较高，我们希望你们降低五个点的折扣。"

"哦，那根本不可能，你要知道，我给你的可是我们所有经销商里的最低折扣了。"瑞奇表示出非常坚定的态度。

"是吗？那我代表公司感谢你们的诚意，但是我必须说明一点。"汉克斯依然微笑着说，"如果你们坚持不让折扣给我们的话，我们就无法让折扣给终端客户，但是根据我们的销售统计，如果我们线上的折扣能够让五个点的话，产品的销售量能够提高 15% 甚至更多。这是你们期望的效果吗？"

瑞奇沉思了一下，点了点头："是的，这当然是我们期望的，但是……公司的底线不能打破。"

汉克斯依旧微笑着点点头："当然，你们有自己的底线，瑞奇先生你已经重申了很多次。可是，希望你明白一点，我们完全是出于对贵公司产品的销售考虑，所以提出降低五个点的建议。我们并不会因为你们降了点而增加我们的利润空间，只是为了你们能卖出更多的产品。你是否觉得你可以回去和董事们商量一下我的建议？”

瑞奇若有所思地点了点头，他实在无法找到反驳汉克斯的理由。

汉克斯接着说道：“另外，瑞奇先生，从我个人来说，我非常喜爱贵公司的品牌，比起那些折扣很低的小品牌来说，贵公司一直坚持自己的设计路线，我也希望能和贵公司有很好的合作。希望你能帮我向贵公司的董事们转达我的期望。我们下周再沟通，你看如何？”

说完，汉克斯很有礼貌地站了起来，伸出右手，表示要与瑞奇握手，结束今天的谈判。

瑞奇只好也站了起来，和汉克斯握了握手：“我会转达你的建议，不过，我们公司很少会为一家分销商破例，从来没有过。”

汉克斯十分镇定地说：“当然。不过，你们可以尝试一下我的建议，再比较一下你们按照原定折扣所产生的销售情况，看看哪个更划算！”

“好吧。”瑞奇收拾好公文包，离开了会议室。

三天过后，瑞奇打来了电话，表示愿意先按照汉克斯的建议降低折扣卖上一阵，然后再恢复到原定的折扣，比较一下销量是否真的有巨大差异。

是的，在这场谈判中，汉克斯获胜了。

现在我们来回想一下，为什么汉克斯能够成功地让瑞奇听从他的安排，其实这个过程一目了然。

汉克斯提出建议的理由——降低折扣增加销量，是这场谈判的筹码。但并不是说，他要第一时间抛出筹码，因为那样做的结果是瑞奇会用很多的说辞来与其展开对攻，容易变成一场“拉锯战”。

所以，汉克斯先让瑞奇说完，完成一个销售代表应该做的工作，等瑞奇口干舌燥之后，再抛出筹码，使气势发生了转变。

接下来，汉克斯巧妙地给了瑞奇一个“压力点”和两个“台阶”。这一个“压力点”是指“那些折扣很低的小品牌”；两个“台阶”是指汉克斯表达了对瑞奇所代表品牌的喜爱，以及最后提出了一个比较方案的建议。实际上，这是汉克斯提前计划好的。

最终的结果是，瑞奇被汉克斯牢牢地控制住，回到公司“乖乖地”做了汇报，天平偏向了汉克斯这一边。

看，控场者的目的达到了！

◎制约对方是核心

任何时候要想成为一个控场者，就必须去制约对方。想想那种感觉，你习惯了每天喝三杯咖啡抽一包烟，可是突然有一天，你掉到了一个孤岛上。天哪，你再也没有机会碰到你喜欢的那些东西了。而控场者就是要让对方掉到设计好的孤岛上，让对方束手无策，控场者的目的就能实现。

“嘿，伙计，你想喝杯咖啡吗？想抽根烟吗？”

“我想，非常想！”

“好，那就听我的安排吧！”

“嗯，你说了算。”

看，就是要这样的效果！

你可以通过哪些方式来实现这种制约呢？请看我的总结。

★筹码

是的，你最好有个筹码，这是你说服对方最有力的工具之一。我曾经帮助一家公司说服州政府给他们降低税点，我的筹码是什么？这家公司会影响一条产业链！没错，如果这家公司做大了，本州很多相关企业也将随之强大，政府将会得到更多的收入，这不比单独让那家企业多贡献点利润，或让他们一生气跑到其他州做生意要好很多吗？理由、愿景、利害关系、相关法律等，都可以成为你手上的筹码。

★压力点

在上一节中，你已经体会到了压力点的作用。其实在沟通和谈判过程中，巧妙地带出事先准备好的压力点，能在无形中让对方感到恐惧。竞争对手、大环境、健康问题、收益等，都可以成为压力点。要记住，压力点无法代替筹码，并不能直接影响博弈的胜负，但是可以间接地带给对方心理上的压力。

★气场

气场是什么？是你身上散发出来的独特气息，你的精神面貌，你带给别人的外在感受。气场强大的人有一个显著的好处，他们总是能在无形中让别人围绕他们来“旋转”。是的，看看那些绽放出强大气场的人吧，奥巴马、施瓦辛格、乔丹，无论他们走到哪里，都有一堆人追在他们后面顶礼膜拜——他们的强大气场吸引着人们。我的感受是：气场一旦输掉，局面就将失去掌控。

★弱点

看过职业拳击比赛吗？当两个棋逢对方的拳击手在台上较量时，经过了你来我往的试探回合后，谁先找到对方的弱点，然后给予一通猛击，谁的取胜概率就会增大。在控场理论中，我们也十分强调这一点。随着沟通的深入，你总会抓到对方的弱点，然后攻击它，让你的气场变得强大，你就赢了！前提是，不要让对方先找到你的弱点！

★暂停

NBA 球队的大多数主教练都会做这样一件事——暂停。当自己的球队在气势上落后，马上要被对方打得落花流水时，他们就会叫停。这样做有什么好处呢？一方面可以通过停顿的方式制约对方嚣张的气焰，另一方面可以改变战术和给队员“打气”。著名教练菲尔·杰克逊深谙此道，他的队员在每一次暂停之后都像换了一拨人一样！

以上是控场理论中常用的几个核心元素，可千万不要小看它们的威力！如何使用，在什么时间使用，都会直接影响你能否成为一名出色的控场者。

当然，还有很多技巧和原理，可以帮助你制约对方，我们会在后面的内容中陆续向你传授。

现在，你可以做这样一个练习：假设你是 10 岁男孩汤米的父亲，你遇到了一个糟糕的情况，汤米非常迷恋网络游戏，而学习成绩每况愈下。你该如何与他沟通，成功地形成制约，让他将玩游戏的时间缩减为原来的一半。

发挥你的想象力，试试看！

◎被制约就会被说服

被制约的结果就是让对方只有一个选择，那就是“服从安排”。

虽然被控者心不甘情不愿，但是没办法，他被置于“孤岛”上了！在控场者开始占据主动的过程中，被控者的气场逐渐减弱，他在潜意识里开始认同对方的话，情绪也变得不那么高昂，反击的语言也无法组织起来，结果就“输了”。

回到前面的那个练习上，如何让男孩汤米拿出一半玩游戏的时间用来学习呢？

我见过很多失败的父母，他们有两种做法，一种是彻底停止孩子的游戏时间，把电脑锁到阁楼上。这样做会使结果变得更糟，孩子会产生极大的逆反心理，争吵、离家出走都是常见的情况。还有一种做法非常可笑，很多父母的态度几乎像是一种祈求，他们就差跪在地上求孩子学习了。

那么，使用控场技术的父母会怎么做呢？很简单，首先，你的态度从一开始就要强硬和坚定，但你不要动手和说粗话，而是要保持一种父母的威严，因为孩子的确让你感到失望，你要把这种失望展示给他。“汤米，你这次考试成绩很糟糕，玛丽老师和我们都很失望，真的很失望，你愿意再一次让我们失望吗？”

汤米一定会说：“对不起，我下回一定好好准备考试。”

你不需要给一个十岁的男孩讲那些未来前途的大道理，那只会浪费你的时间，因为他们无法真正从心里去理解学习的重要性。想想孩子最关心的事，那才是最重要的。

例如汤米，他最喜欢的就是网络游戏，这是你获得筹码的关键。你应该怎么做呢？你可以这样说：“我们和玛丽老师沟通了一下，我们都认为你是个聪明的孩子，但你最大的问题是用在学习上的时间太少，你的同学每天都拿出三个小时用来学习，而你把大部分时间放在了游戏上面。”你的理由一定是充分的，至少表面上是，这样才能更有效地将其说服。

“嗯……”汤米会点点头，他在潜意识里认同了你的“理由”，等待你的“宣判”。

“由于你这次真的很让人失望，我们做了一个决定。”你要让孩子始终明白，问题出在了他的身上，然后你可以开始抛出筹码了，“我们决定让你每天只玩两个小时的游戏，我们会给你看着时间，监督你的学习。如果下次再让我们失望的话，你就不要再想着玩游戏这件事了！”你的决定或要求是缩短汤米玩游戏的时间，筹码是终止他玩游戏，这对汤米来说非常“致命”。

“哦……”你的强硬态度会让汤米接受你的决定，但他心里一定很不愉快。

你的另一个筹码可以起到调动积极性的作用：“如果你下次能够每一门都得 A，我会带你去迪斯尼玩上一天，并大吃一顿。”

“我一定努力。但能不能恢复我的游戏时间？”汤米一定会这样问。

“对不起，汤米，我们只能考虑在假期里让你多玩一会儿，当然，还要看你下一次的成绩。”请注意，你不能把恢复游戏时间作为筹码，因为那会使汤米重新荒废学习，但可以找到他喜欢的其他事物，也可以给汤米一个“台阶”，例如“假期里多玩一会儿”。

“好吧。”汤米脸上虽然不高兴，但是他接受了，况且还有可能去迪斯尼玩，也不错。

在这个过程中，我相信任何孩子都会像汤米那样，寻找借口加以狡辩，但你要记住一点，你无须妥协。因为你的要求他可以做到，你并没有终止他玩游戏，同时，你的筹码对他来说非常重要，如果再不好好学习，就没得玩了！

你还可以给汤米几个压力点：父母和老师的失望、同学的出色表现、差学校里的恶劣环境等，这些都能起到一定作用。

当你灵活使用这些策略后，你就可以制约对方，说服对方按照你的要求去行动。你会感受到那种引导对方的快乐，同时，你还可以避免与其发生正面冲突或向其妥协。

◎被控者并非你的敌人

无论是商业谈判，还是教育子女，或是其他会用到控场技术的场合，你都必须明确一点，被控者并非你的敌人。想想上面讲到的例子，瑞奇是汉克斯的供应商，汤米是家庭的子女，谈判双方并非真正意义上的敌人！

他们只是你在某一次使用控场技术时的你的对手。

作为一个控场技术的使用者，你的终极目的是什么？引导并制约住对方，让他按照你的希望发生行为上的改变，不是吗？

可现实生活中，我总会碰到这样的人，他们总是像对待敌人那样，试图通过“攻击”的方式来赢得胜利。那样做会产生好结果吗？当你的对手被你气得头昏脑涨时，你觉得你还能向他传输思想吗？

我的朋友约克是一家汽车公司的推销员，在最初从事这份工作时，他总是跟顾客争吵，惹得顾客大为不满。明明是一个可能要买他的车子的顾客，只因对他出售的车子说了几句不中听的话，约克就会勃然大怒，立即向对方发起攻击。

有一次，约克走进一位顾客的办公室，当他做完产品介绍后，对方没好气地说："我对那个牌子的汽车不感兴趣，听说它的质量有问题。他比我知道的另一个牌子的车差远了。你的车子打五折我也不买。"

约克大为恼火，立即对另一个牌子的汽车进行"狂轰滥炸"。可是，他越是数落，对方就越是夸赞。

在同顾客的争吵中，约克大获全胜的时候居多，他常常是一边离开顾客的办公室，一边说"我可把那家伙教训了一顿"。被他"教训"了一顿的顾客会买他的车子吗？当然不会！因为他把对方驳得体无完肤。对方感到自己矮了一截，这极大地伤害了对方的自尊心。

约克后来对我说："我费了多年的工夫，在生意上损失了无数的钱财后才最终懂得，争辩是划不来的。而同别人换位相处来看问题，想办法让别人讲出'对'能获得更多的好处，也有意思得多。"

"是啊，如果你早知道这一点，你就没必要浪费那么多时间和唾沫，去抢占那种毫无价值的'上风'！如果你想让对方服服帖帖，还不如一拳把他们打晕在地呢，伙计。"我帮约克总结了一下。

“哈哈，是啊。”约克不好意思地笑了。

事实上，你想控制的对方在需求、条件等诸多因素上，和你的要求存在一定程度的不一致关系，才会导致争辩甚至是争吵的出现。

但你还是要学会尊重他们！

控场技术最好的一点在于，你可以在任何场合，面对任何对手，用“不伤和气”的方式去解决问题。你不但能够实现自己的终极目的，还能维护好人际关系，这种感觉得有多棒！

我的经验是：当你尊重对方时，你才会更集中注意力去倾听对方，让对方放松对你的心理戒备。也只有当你尊重对方时，才能懂得对方在想什么、关注什么，你才能更快速地找到突破口。

◎主动权掌握在谁手上

在你的生活中、人际网络里，你是否能成为真正的中心？

你是被别人支配，任由别人推动着自己一步步行动，还是可以掌控全局，成为一位名副其实的主宰者？

太多人向我抱怨：“为什么我们活得如此被动？”

我对此的回答是：“当你习惯了被动，你就永远无法获得主动权！”

麦琪就是这样一个人，当我第一次见到她时，她给我的感觉糟透了。一身皱皱巴巴的职业装，脸上满是疲倦。即便如此，她还是一家公司的部门主管呢。

“麦琪，你好。”我微笑着与她握手。

“你好，教练。”麦琪的声音不大。

“你很疲倦吗？我看你的精神状态不太好哦。”

“是的，我感到非常累，不好意思，今天我都没怎么化妆就出门了。”

“没有关系，请把我当成你的朋友吧。”我递给她一杯咖啡，“让我们先来聊聊，是什么让你感到疲惫？”

“我觉得自己是个很失败的人，我的下属让我操碎了心，他们总是不能让我满意，为了完成目标，我不能让自己有一刻的放松。还有，回到家，我还得应付我那些不听话的孩子。我觉得自己在处理人际关系上有很大问题，所以我想报名参加您的课程。”说完，麦琪长出了口气。

我非常明白麦琪的感受，她的问题出在她自己身上：“麦琪，根据你的描述，我能感觉到你是一个非常有责任心的人。你害怕因为自己而出现错误，你总是习惯于服务别人，无论是工作还是生活，对吗？”

“是的，您说得没错！”麦琪点点头。

“但是你越这样想，你就越习惯于被动地去解决问题，所以你才会如此疲惫。”我希望每个学习控场技术的人，都能提前感受到它的力量，“这样，在你决定报名参加培训之前，请你先做一下自我调整，这很简单，但很有效。”

“哦？请您说一下，我该如何调整自己？”

“请恕我冒昧，我建议你首先从你的外形开始，买一身高档一点的职业装，让自己看上去像希拉里那样就对了。每天出门前对着镜子检查自己的形象，直到自己满意再出发。”

麦琪一边点头一边拿笔记录。

“接下来，请你每天都对自己说上几遍‘我是主管，我是团队的领导’。你必须坚定这个信念，然后请注意你的一言一行，像一个真正的主管那样去和下属说话，树立你的威信。你能努力做到这一点吗？”

“我会努力试试的，教练。”

“对啊，你就是主管，是团队的领导，你应该让下属为你工作，服务于你，我这样说对不对？”

“是啊，我可真是不能再替别人‘擦屁股’了。”麦琪终于露出了笑容。

“当你觉得这样有效时，再来报名参加我们的课程不迟。不过，不管怎样，期待你能摆脱现在的状态。”

一个月后，麦琪再一次来到我的办公室。这次她穿着一套高档的米色职业套装，烫了新发型，整个人看起来焕然一新。

“感谢您，教练。按照您的方法，我逐渐找到了感觉，我的团队成员比以前更听话，我也更有信心了。”麦琪微笑着说。

“好的，麦琪，恭喜你找回了主动权。你是否打算正式学习一下控场的技术呢？”我为她感到高兴。

“当然，我这次来就是这个目的，我还有很多需要提高的地方！”

就这样，麦琪高高兴兴地成了我的学员。

控场理论会告诉你，无论你做什么，想谈成什么事，你都要努力让自己获得主动权，真正地支配别人，而不是被动地为别人服务。

如果你喜欢为人服务，那很好，麦当劳、汉堡王、沃尔玛超市里有各种各样适合你的工作。但是如果你想成为出色的人际关系专家，想在事业上有所成就，那你最好成为一个控场高手。

而且令人兴奋的是，当你发现世界以你为中心，你能更好地影响并支配别人时，你会吸引更多的好事情发生。没错，这就是吸引力法则，我相信你会逐渐体会到这一点的！

◎准备成为一个主控者

我朋友的小儿子简森和大多数年轻人一样，从一所连州排名都进不去的大学毕业后，找了份房产销售的工作，希望自己能够像别人那样成功。他为自己描绘了一个完美的景象，梦想着每个月都能赚取大把的佣金，像安东尼·罗宾一样，住在别墅里，开着名牌跑车，娶世界上最漂亮的女人为妻子。

但没过几个月，他就被残酷的现实敲醒，老天好像在说："伙计，你的美梦该醒一醒了。"几个月内，简森联系了很多客户，却没有卖出一套房子，只是做了几栋房屋租赁的买卖，赚得的佣金连基本生活都保证不了。问题出在了哪里？

简森愁眉苦脸地向我请教。为了解决他的问题，我决定跟着他观摩一下他的推销过程，帮他找到问题的根源。

于是我们找了一天，他开着车带着我，到了事先约好的一栋公寓，在那里等待客户到来。这个客户与简森事先有预约，他和未婚妻按时到达了公寓。

简森带着他们先简单在公寓里转悠了一下，然后按照以往的方式，开始向他们介绍这套公寓的优点。他们一边听，一边沉默不语，并不时交换眼神。当简森费了半天劲介绍完之后，这对小夫妻和其他客户一样，开始挑剔房屋的各种问题。例如，厨房太小、房子太旧、没有落地窗等。

他们的问题就像“连珠炮”一样，我看得出，简森有点应接不暇，“哦……这个厨房是有点小，不过很温馨，对不对？”“房子是二十年前建成的，所以有些设施还是不太完善……”

我在一旁默默地听着，我知道会发生什么事。事实上，结果和我预想的一样，在一阵沉默过后，这对小夫妻并没有做出购买的决定。他们有点失望，然后迅速离开了。

他们走后，简森和我站在冷冰冰的房子里，他感到十分沮丧。我拍了拍他的肩膀，对他说：“别灰心，孩子。问题出在你的身上，你是不是有一点恐惧？”

“是啊，我害怕再一次失败。”简森点点头，“说实话，每当我看到客户犹豫的眼神，听到他们的第一声异议时，我的信心就开始动摇。”

“嗯，我的感觉，你在前面介绍得很好，但是随着那两个人开始提出问题，我发现你变得十分紧张，你的回答也不能打消他们的顾虑，你逐渐失去了自己的主动权，说句不好听的，你好像被他们轮番‘欺负’一样。”我一针见血地指出了他的问题。

“唉，每次都是这样，换成你，教练先生，你会怎么做呢？”

“如果是我，我会提前做好准备，然后努力控制住局面。你知道，每栋房子无论它有多好，总会有客户去挑剔它的毛病，一方面是因为房子确实不会十全十美，另一方面是客户希望你能够降低价格。当然，作为经纪人，你不想降低价格，对吗？”

“是啊，那不是办法，而且会拉低我的佣金。”

“那么你就需要提前做好准备了，你应该比任何人都了解这个房子的每一块地方，牢记它的优点，然后找出客户可能会挑剔的缺点，事先组织好你的语言。你要又快又自然地说出来，并及时让客户的注意力转移过来。”

“哦？”我的话好像点醒了简森，“是啊，我确实准备得不太充分。”

“因为你准备得不充分，所以你的反应速度就会变慢，客户就有可能迅速提出更多让人难堪的问题，你就会失去主导地位。我觉得所有的客户在提问题这件事上，都有极高的天赋，哈哈。”我开了个玩笑，希望他不要那么郁闷。

“哈哈，可不是嘛！”简森跟着苦笑。

“如果是我，我会提前反复研究自己代理的房子，然后想好语言。例如，他们嫌这套房子老，那么如果你事先发现了这一点，你完全可以说：‘别看这套房子修建得早，但之前的住户保护得很好，况且，这比对面那栋新盖的公寓楼要便宜 1/3 的价格呢。’你的语言既要打消客户的顾虑，最好还能传输一些让他们觉得满意的信息。”

“有道理！”简森向我竖起了大拇指，“不过，你怎么知道对面公寓的价格呢？”

“因为我在出门前特地查了一下。我是做好了准备才来的！”我冲他笑了笑。

在这之后，简森做出了改变，对每一幢代理的房子都做足了准备工作，提前想好客户在看房时可能提出的各种问题。逐渐的，他发现自己变得灵活起来，再也不惧怕客户的异议了，相反，他告诉我，他甚至还希望客户们提出问题。为什么呢？因为简森能用最快速和自然的方式帮他们解答，解决的问题越多，客户们的疑虑就越少，成交的概率就越高！

半年后，简森竟成了公司里排名靠前的经纪人，他特地跑过来感谢我。现在的他已经能够掌控局面，引导客户做出决定了。当然，他认为自己还有很多需要学习的技巧，他打算进一步学习控场技术。

不管怎样，从简森的经历中，你应该看到一点，就是如果想成为一个场面的主控制者，你必须做足准备，否则你面对的人随便提出一个刁钻的问题，都能让你失去主动权，那是你希望看到的吗?

在接下来的一章里，我们将重点学习如何掌控气场的原理和技巧，你会发现一个全新的自我。

Part 2 控场的渴望：通过练习改变气场

◎我也有气场吗

还记得我们在前面提到的，制约对方的几个关键元素中，我们提到了气场的概念。

你或许会问：“我也有气场吗？”

这是一个很好回答的问题，是的，无论你来自哪里、背景如何、成功与否，你都拥有气场！但现实的问题是，你的气场到底怎么样？

在找到答案之前，请你做这个练习，内容很简单，用三个简短的词来概括一下你身边人的特质，比如他们的气质、性格、形象等。

我的学员在做这个练习时，写出的答案五花八门，例如：

马克：腼腆、邋遢、低调

瑞秋：快乐、大方、精致

吉米：大气、热情、幽默

莫妮卡：成熟、知性、温柔

……

别人留给你的这些印象特质就是他们的气场，他们向你展示出来的气息，就像笼罩在他们身体上的一层物质，你摸不到但是能感觉得到！

那么，你的气场是怎样的呢？

一方面，你可以照着镜子给自己概括一下，另一方面，我强烈建议你找几个人，恳请他们给你最真实的概括。他们对你或许并不是特别熟悉，但没有关系，那样更能让你知道你给人的真实感觉。你可以对比一下，找到自己最真实的气场。

当你完成这一系列练习，找到自己的气场后，接下来就可以开始进行气场的训练了。我们的训练目的不光是为了让你获得有吸引力的气场，同时也让你学会如何掌控自己的气场。

朋友，你见过变色龙吗？那种神奇的动物，它们可以根据环境来改变自己身体的颜色，让自己时刻处于安全中。控场理论和变色龙有一些相似之处，我们希望每个学员都能根据不同的场合和对象来改变自身气场，从而实现控场者的终极目标。

在我研究控场技术之前，我也没有注意到这一点。有一次，我去拜访我的外婆琳达。我习惯于工作中那种流畅的表达方式，然后滔滔不绝地向外婆说起自己的生活。琳达一边听一边织着毛衣，但和我没有任何眼神或语言上的交流。我感觉她好像并不太喜欢听我说话，可是她之前打电话过来说很想了解我的近况。问题出在哪儿了呢？

我起身去厨房倒咖啡的时候，碰到了琳达的保姆苏珊，我问苏珊："我的外婆怎么了，最近是不是有什么心事？"

苏珊微笑着说："没有啊，琳达最近很好，血压也控制得不错，你来了她很高兴。"

"哦？那为什么她好像不太喜欢听我说话呢？"

"哈哈，那是因为你说得太快了。"苏珊笑着说，"琳达习惯于老年人那种慢慢的聊天，她适应不了你的节奏。"

"哦！我说呢！"苏珊一句话点醒了我，琳达跟不上我说话的节奏，但是又不想打断我。

接下来，我放慢了自己的语速，每说完一句话后停顿一下，看一下琳达的反应。哈，当我做出改变后，琳达停止织毛衣，开始看着我的眼睛和我聊了起来。我们适应了彼此的节奏，整个下午，我们都聊得非常开心。

虽然我并没有把琳达当成控场的对方，但是那次经历让我明白了一件事，当你的气场发生改变与当时的情境相协调之后，你就有可能和对方形成某种意义上的“共振”。这是一种沟通上的和谐关系，一旦你掌握它，你就能走上真正的控场之路。

接下来，我们将逐一学习控制气场中的各种细节，这对你非常重要，你将受益终生。

◎外形：最有效的“光环”

还记得我在上一章中，向你讲了麦琪的转变吗？我们通过一些简单的练习，让她重新找回了主动权。我曾直言不讳地建议她换一身高档装束，并注意检查自己的形象。这虽然会让这位女士面子上有些难堪，但是当她真的那么去做了，她的心理就会产生一些微妙的变化。

可以想象的是，麦琪在提升形象之后，她会对自己更自信，这种自信来自于一种强烈的心理暗示——“我是一个高级管理者”。为了体会这种心理暗示，你可以做一个练习，这个练习只需要十分钟，如果你动作很快的话。

准备三套风格不同的衣服，我推荐你选择一套西服或职业套裙、一套休闲装和一套其他风格的服装。然后请你对着镜子，看着自己的衣服，找到与这套衣服最搭配的发型和表情，然后保持这种状态，并邀请你的亲人或朋友为你拍照。

等你拍完三组照片后，你再对比一下，你能发现自己气场的变化吗？

绝大多数人都能感觉到。

这个练习告诉你这样一个道理，当外形发生改变时，你给自己和别人的气场将会随之发生变化，变化的关键在于心理暗示。

假设你四十多岁，当你穿着年轻时尚的休闲装时，你看到镜子里的自己，是不是也跟着年轻了许多？你的心情会变得活泼，你觉得自己应该充满青春的力量，而不应该像个被中年危机困扰的人。

实际上，你的年龄、身体状态并未发生改变，只是因为你穿得年轻时尚，你的气场随之发生了改变，同时你也给别人这样的暗示——这个家伙挺年轻的嘛！

如果你想让自己的事业更上一层楼，我下面说的秘诀，你一定要记住。我曾经向我的学员推荐过这个方法，在半年时间里，有相当多的人升职了，他们有些人或许都不知道这是怎样发生的！

这是一个很简单的方法，首先，你需要观察一下你所在企业里董事长、大老板、CEO 的穿着风格，以及他们的发型和表情。如果你的经济没有问题，你甚至可以买同样品牌的衣服、皮鞋。

然后你只需要尽可能地模仿他们的一言一行，并争取多出现在他们面前。你将带给你的各级上司以及同事这样一个信号：这个人可真有风范！什么风范呢？领导者的风范！

而你模仿的人，例如董事长、CEO，看到你这样打扮自己，他们虽然表面上不会说什么，但会在潜意识里觉得，“这个员工和我一样有品位”。这就是你带给他们的强烈暗示，将会形成气场上的“共振”，你的好运很快就会到来！

人总是这样，喜欢和自己风格相近的人接触，这是一种相互吸引。一个嘻哈风格打扮的年轻人，会愿意和一个看上去有些呆板的教授交朋友吗？显然不会。同样，尽管你是个认真的工作者，但如果你穿得十分不讲究，你的气场就会向别人吐露出一个信号：我就想这样混日子了，你们不要管我。

接受到这个信号的人，例如你的上司，他们才不会给你提升的机会呢，相反，他们会琢磨着在经济危机时炒你的鱿鱼。你希望这样的坏事发生在自己身上吗？

有一次我去南加州进行演讲，接待我的是一家公司的经理。他蓬松的头发、脏兮兮的西装，让我一开始就对他产生了厌烦心理。你猜我当时是怎么想的？我在想，我应该早点结束这次演讲。我为什么会有这样的想法呢？只是因为接待我的人看上去那么不专业、不讲究，他给我造成了一个心理暗示：趁早离开这个糟糕的地方吧。实际上，他可能下了很大的力气去布置会场和做宣传，但我还是感觉不爽，换成你，你也一样！

◎微笑：消除对方的心理界限

虽然很多书中谈过微笑的作用和训练方法，但是我还想再次向你介绍它的力量。微笑是世界上最便宜也是最昂贵的表情，你该如何理解这句话呢？一方面，微笑不需要花掉你一分钱，另一方面，很多吝啬的人脸上始终无法绽放出一丝笑容。

我们在控场训练的课程上，曾经进行过这样一个练习，类似“八分钟约会”。我们让每个人轮流和不同的人进行单独沟通，然后给对方打出印象分，当然，你也可以找几个人试试这个小练习。

在每个人都和在场的所有人沟通完之后，统计结果出来了，我发现，并不是那些沉默寡言的人得分最低，恰恰是那些不苟言笑的人排名垫底。我注意到了杰克，一位基金公司的经理人，他从进入会场到现在还没有笑过一次呢！是的，他的分数很低。

而得分最高的是一位年轻的女士安妮，她落落大方，对每个人都报以微笑，即使对方并没有向她还以微笑，但这并不妨碍她成了最受欢迎的人。我们用热烈的掌声邀请她上台，希望她能和我们分享一下自己为什么这么受欢迎。

这让安妮有些受宠若惊，但她还是很大方地走到所有人的前面，习惯性地露出笑容，拿起话筒向我说道："嗨，大家好，真没想到我能得到大家的厚爱！"

"安妮，你觉得为什么你能受到所有人的欢迎？"我代大家问她这个问题。

"哈，这个问题还真让人有些不好意思，我并不觉得自己很有魅力，不过我希望用自己的热情来赢得每个人的喜欢。"

"哦？你的意思是，你很喜欢被别人喜欢？"

"教练，难道你不喜欢吗？"安妮反问了我一句，然后微笑着说，"我从小就喜欢交朋友，各种朋友，虽然有个别人曾让我失望，但大部分朋友都很照顾我，我也照顾他们。或许，这是我能受到大家欢迎的原因吧。"

"很好，安妮，你说出了最重要的原因。"我也从心里喜欢这个小姑娘，"各位，你们有没有仔细听安妮的话，她说了一条非常重要的原理，也是我们应该掌握的，这条原理很简单，就是要‘拿出你的热情’。”

很多人，例如杰克，他们之所以面无表情，并不是他们脸部肌肉完成不了这个动作，真正的原因在于他们并非真心想去交往，所以无法拿出自己的热情来。

我见过一些失败的销售员，他们在打电话的时候，总是面无表情，这反映了他们的一个心理：我不想和你成为朋友，你又看不到我，所以没必要浪费我的表情。

而那些成功的销售员呢，他们不管是在客户面前还是打电话，都会面带微笑，这是他们的职业习惯，更是出于内心的渴望：我希望能和你成为朋友，向你推荐我的产品，当然，买不买由你决定。

如果你没有必要像父母教训孩子那样，一开始就树立权威的话，我建议你时刻将微笑挂在脸上。你可以通过对镜练习来帮助自己找到最佳的微笑表情。是的，有的人由于不注意观察自己，笑起来效果可真不怎么样！

最重要的是，你要从心里渴望那种融洽的人际关系，希望能够得到大家的好感，即使是你控场的对方。因为当你微笑时，你向对方传递的是一种快乐和积极的信息，对方会在潜意识里流露出对你的好感，他们的警惕性就会放松。

而伪装出来的微笑无法做到这一点，它们僵硬，透露出虚假的气息，很容易被别人识破。“嘿，那个人有点‘笑里藏刀’，我得小心点！”你希望对方这样想吗？

所以，当你进行对镜练习时，请试着想象一个陌生人正在你的对面，而你要真心地对他说：“你好，很高兴认识你。”这时，要让你的微笑跟上！

反复做这个练习，不光能使你找到自己最佳的微笑表情，你的情绪和健康也将因此受益。而且，一个受欢迎的人到哪儿都能讨人喜欢，很有可能成为圈子里人缘最好的人，何乐而不为呢？

◎握手：感知气场的强弱

几年来，我和白宫的政府要员握过手，和500强企业的董事长握过手，也和演员、作家、艺术家、军人等各种行业的人握过手。我和成千上万的人握过手，所以我知道这其中的奥秘。现在，我闭着眼睛和别人握手，就能感受出他们的性格特质。

除了外形，握手是感知对方气场强弱的一个重要手段。

很多时候，特别是进行销售和谈判时，控场已经从“你好”

和握手开始了。因为对方也是带着目标而来，你可以通过对方的手来感知他们的气场。

莫妮卡·莱温斯基刚刚进入白宫工作的时候，就像个很难缠的女人，每次和重要的官员见面握手时，她总是握住对方的手不放。这吐露出一个什么信号呢？她是个很有野心的女人，“铁了心”想混个高级职务，所以希望和对方建立长久的关系，事实上，后来的发展也证明了这一点。你看，手不是白握的！

我相信，你在与别人见面握手时，通常会遇到下面这几种情况，我们来逐一分析。

★对方握手很用力，或是想把你压下去

很明显，对方在和你较劲。他们的气场很强，在向你传递一种信息，他们希望能把你的气势压下去，让你听从他们的支配。但是你会怕这样的人吗？反正我不会，因为我知道这类人情绪容易激动，弱点和破绽并不难找。况且，如果你有筹码的话，你更不需要和他较劲。我会在心里嘲笑他们：你可以成为一个“掰腕子”高手，但战胜不了我！

★对方握起手来有气无力

这有两种情况，一种是对方比较羞涩，他们的气场很薄

弱，或许在握手的同时根本不敢直视你！这个时候，你不要展现太强大的气场，你不要觉得自己占了上风，因为这类人会比较讨厌强势的人，你应该表现出一种平易近人的气场来。

还有一种情况是对方身体和情绪不佳，你可以试着帮助他调动起积极的情绪来，这样会有利于谈话的氛围。

★对方没有伸出全部手掌

我在和一些女士握手时遇到过这种情况，她们只把手掌的部分伸进我的手里，并且握手的力度不大。一方面，这和女性长期以来的理念有关，另一方面，也有一些女性比较孤傲，她们或许是企业高管，也可能是名门贵族。我印象最深的是，一位来自南美的名媛曾经这样和我握手，显然她摆出了高贵的姿态。但后来，我让她帮我谈成了一笔大生意。我是怎么做到的呢？很简单，只要找点她们感兴趣却又没接触过的事聊起来，她们就会对你刮目相看！

★对方手心潮湿有汗，甚至哆嗦

如果对方不是刚跑完几公里或做了几个小时健身运动，也排除了天气原因的话，那很有可能，对方对这次见面比较紧张，甚至对你有一定的恐惧心理。那么，你可以把他们当作第二类人来看待，让他们放松下来，你才能更好地与之进行沟通。

★对方频频和不同人握手

在一些人多的场合，例如鸡尾酒会，你会看到这样的人，他们有事没事就走到不同的人面前握手寒暄。这样的人是社交爱好者，也喜欢表现自己。如果他们是你控场的对方，你要提高警惕了，这类人经验丰富，头脑灵活，他们熟悉人际交往的套路，喜欢引导你实现他们的目标。但是他们也有自己的问题，喜欢滔滔不绝地表达，容易暴露出自身的弱点。

在通过握手感受了对方的气场后，你就可以根据实际情况选择自己的态度和说话方式了，找到最能影响对方的气场，你的谈话就会变得顺利。

◎心态：你是全场的主角吗

站在任何一个舞台上，你是谁？

是观众、配角还是主角？

如果你是观众，你只需要看好别人演戏，当别人演的好的时候鼓鼓掌，当别人演的不好的时候吹吹口哨。你是这样的人吗?

如果你把自己定位成配角，你的潜意识会告诉你，你无须承担过多的责任。是啊，把这场戏教给主角去演好吧，反正观众是来看他们的。很多人都处于这种心态。

但是控场技术的核心要诀在于，你必须把自己当成主角，无论是哪种层次的舞台。我们认为，当你从心里认可了自己，你就会自动自发地展示出良好的特质，甚至超出了你平时所表现出来的能力。

十几年前，我曾经办过演讲训练的课程。在这个课程里，我会向我的学员们讲解各种演讲技巧，帮助他们调整自己的表情和动作。是的，他们每个人都很努力，都希望自己能够成为好的演讲师。

在每一期演讲课结课前，我通常会让每个人都到台上讲上一篇，题材不限，但是时间不超过一刻钟。每个学员都做好了准备，表现得也都不错。给我印象最深的，是一名叫霍尔的学员，他是训练班里最“懒惰”的人，有时上课还会睡觉。演讲前，我替他捏着一把汗。

出乎所有人意料的是，一上场，霍尔好像换了个人一样，他热情地和每个人打招呼，然后拿起话筒开了个玩笑：“今天路上我还在想给大家说点什么，结果发现我想的点子都被你们说了，是不是有人在我上课睡觉时，在我的脑子里装上了窃听器？”

大家笑了起来，气氛一下变得轻松。

霍尔接着说道：“不过还好，霍尔的脑子还没被偷走。我想给大家说说我和公牛队的故事，如果大家对乔丹和皮蓬的小故事感兴趣，希望你们鼓鼓掌。”

是的，每个人都很感兴趣，大家一边笑一边鼓掌。霍尔通过“要掌声”的小技巧增强自己的信心，这招尽管比较初级，但非常管用。我感觉，霍尔的气场开始变得强大。

果然，霍尔开始向我们绘声绘色地描绘起他在芝加哥的所见所闻，讲述他曾经跟随公牛队到处征战的经历，原来，他还曾经是训练营的一位年轻球员呢！

“乔丹平时喜欢打高尔夫，你们都知道的，每次他见到泰格·伍兹，都要低着头对他说：‘你好，伍兹老师。’因为他比伍兹高出太多。好几次，我看到罗德曼弯曲着腿，仰头看着乔丹，并滑稽地模仿伍兹的声音说：‘你好，大高个儿，我是伍兹老师。’……”

大家听得聚精会神，霍尔也越说越兴奋，不断和大家开着玩笑，又流畅又自然，整个班上不时爆发出笑声和掌声。等他讲完，我看了看表，他足足讲了半个小时！但是我和所有人一样，都感觉有点意犹未尽！

最后，我十分高兴地宣布，霍尔是这次“最佳演讲师”的获得者，并让他上台为我们介绍一下经验。

此时，霍尔感到有些羞涩，红着脸说：“其实大家的水平都很好，像罗杰，我一直很忌妒你的声音，那样有磁性。还有菲利普，你看上去就像一位演讲家！我觉得自己今天有点超水平发挥了！”

“霍尔，你今天表现得非常棒，就不要谦虚了，给我们说说你超水平发挥的原因吧。”我在引导霍尔，希望能让大家分享到他成功的经验。

“好吧，其实我一开始非常紧张，我在家里也练习了几次，感觉并不好。但是今天一开始，我和大家开了个玩笑，你们给我的反馈很强烈，这让我感到兴奋。我的紧张感消除了，我心里在说：‘霍尔，看，你就是主角，大家都很喜欢你，不是吗？’然后我开始讲了，我注意到你们都听得很认真，于是我强化了自己的想法：‘对，我就是主角。’然后，我就开始充满自信地发挥了，很多笑话都是我边讲边想到的。现在我在想，如果之前我少睡点觉，或许能讲得更棒！”

霍尔的最后一句话，又一次挑动了在场的每一个人的笑神经，我们热烈地鼓起了掌。

等掌声落下，我对大家说："看来霍尔还需要一段时间才能从这个状态中走出来，不过这种感觉很好。霍尔告诉了我们每个人这样一个道理：当你认为自己是主角时，你会展示出强大的自信，这会让你把演讲的潜能发挥到极致。所以，我希望每个人在下次演讲时，都能找到这种感觉！"

其实我心里十分清楚，很多人在登台演讲时，感觉自己就好像是个技术工人，是为了完成某一项工作而去演讲，而听众就像是他们的老板，他们生怕做的有一点不好而惹老板发火。

显然，这些人和霍尔的心态不同，他们所表现出来的演讲水平也截然不同！

和演讲一样，要想成为一名出色的控场者，你的心态至关重要，你越是放松、自信，就越能灵活运用控场的各种技巧，你成功的概率就会越高。

◎姿势：不说话也可以影响对方

除了练习微笑，你还需要练习改变你的姿势，例如，你站立的姿势、走路的姿态、手摆放的姿势等。

很多人长期习惯自己的姿势，但大多数人都不知道自己的姿势有多难看。例如史密斯，我刚认识他的时候，他站在我对面，我差点笑出声来。他驼着背，歪着脑袋，还有一点耸肩。他说话时，两只手就耷拉在腿的两侧。

“史密斯，你是打算去参演《巴黎圣母院》吗？”我调侃地问他。

“啊？”史密斯被我问得有点摸不着头脑。

“请恕我直言，看看你，你的背要是再驼一些、个子再矮一些，就完全可以演《巴黎圣母院》里的‘驼背敲钟人’了！”

“哦，有那么严重吗？”史密斯对我说的话并不相信。

我知道大部分人都对自己的形象充满自信，但是为了让他们得到改变，我必须让他们看到最真实的自己。“好的，现在你不要动，还是刚才和我说话的姿势。好的，你等一下……”

我拿出照相机，给他从正面到侧面拍了几张照片，然后把照片导入电脑，放大给他看。

“史密斯，你看哪，这就是你从进门以来一直保持的状态，你看侧面的你，你的后背弧线是那么明显。”

“啊？还真是你说的那样啊。”史密斯点点头。

“再看这张正面的，你的头有一点歪，而且有一点低头含胸，所以你一直无法做到眼睛平视前方，这样会让人感觉你缺乏自信。你真的缺乏自信吗？”

“那倒没有，我对自己还是比较有自信的。”

“但是你给我、给别人的感觉就是这样！你的气场是那种缺乏自信的。还有，你看你的双手，它们好像根本不能活动，哈哈。”我直言不讳地说。

“是的，教练，你说得很对，原来我有这么多的问题啊。我应该好好纠正一下我的姿态了！”史密斯一边说一边暗下决心。

我帮史密斯找到了姿态上的问题，那么你呢？你是否也充满自信，但表现出来一副“窝囊废”的样子？现在，请你身边的人帮你拍上一组照片，正面的、侧面的，看看长期以来，你站立时和说话时的姿态。

无论你的心态如何，我们来看下“窝囊废”和“成功者”两种不同气场者的姿态，看一下你属于哪一类人：

“窝囊废”：驼背、两腿分得很开、低头含胸、一个肩高一个肩低、手放在口袋里、歪着头、说话时不停摇摆、挺肚子……

“成功者”：躯干挺直、头向上顶、双肩放松、两眼平视、下颌微收、收腹、两脚距离适中并呈V字形、与别人保持适中距离……

我还见过很多人习惯于“用鼻子看人”，并双手叉腰，他们认为这样能表现出自己强大的气场，事实上，这样却带给别人很有攻击性或不赞同的感觉。除非你很想把对方教训一顿，否则我建议你千万不要采取这种姿势。

重点还是在于，控制气场的目的是为了更好地实现控场者的目标，而不是让对方从心里抵触你。这是基本的原则，你一定要记住。

在我心中，我见过的最好的姿势来自博恩·崔西先生，他是我们这个时代最好的心灵激励导师。我曾在纽约看过崔西先生的现场演讲，他站在台上的时候，即使不说话，我也能从他标准的站姿、双手自然的摆动动作、标志性的微笑表情中强烈地感受到，他是一个充满自信的成功者。

是的，当纠正了你的姿势后，你不用说话，你的气场一样可以影响别人，就是这么神奇！

◎眼神：成为一个好演员

关于眼神对气场的影响，我最早还是从艾米那里得到启发的。

我的外甥女艾米是一家时尚杂志社的编辑，她本人也年轻漂亮，无论走到哪里，都有数不清的男人想要追求她。这其中不乏成功的商人、有钱的公子哥儿、相貌英俊的模特等，但是艾米不为所动。她在一个酒会上遇到了弗兰克，并一见钟情。而弗兰克只是个普通的银行职员，相貌并不英俊，我们都很好奇弗兰克用什么方法迷住了艾米。

在一次家庭聚会中，弗兰克正好有事没来，我们便开始“盘问”艾米："艾米，为什么那么多追求你的人中，你选择了弗兰克呢？”

艾米羞涩地说："因为他给我的第一感觉很好，我对他也非常‘来电’。”

“艾米，难道别人给你的第一感觉不好吗？”我的妻子替我们问了她这个问题。

“怎么说呢，我到现在还记得和弗兰克第一次见面时的情景，那是在一个小型酒会上。我坐在沙发里喝着饮料，和以往一样，总有男人过来找我聊天，但是从他们的眼神中，我看不到真诚，好多人眼睛在你身上乱看，那种感觉真让人糟透了。但是弗兰克不一样。”艾米喝了口红酒接着说，“弗兰克看起来很干净，他坐过来和我打招呼的时候，我从他的眼神里看到了那种清澈的真诚，他让我感到很舒服，就像是个真正想和你交朋友的人那样，而不是‘玩玩’。”

“嗯嗯。”大家一边听艾米说，一边想象着那个情景。

“而且自始至终，我注意到，他的眼睛一直看着我的眼睛，而不像有的男人总会偷瞟女生的身材，这种尊重让我感到他是一个有涵养、值得信赖的人。所以，我和他越聊越开心，我找到了那种想谈恋爱的感觉。”艾米的脸上洋溢着幸福和甜蜜。

你能感觉到吗？眼神对于气场的塑造有多么巨大的影响！

每一种眼神都能传递一种信息。如果你想传递出坚毅和自信的气场，那你可以看一下电影《哈特的战争》，你一定会对布鲁斯·威利斯的眼神过目不忘；如果你想传递出一种快乐和热情的气场，你可以注意一下亚当·桑德勒在电影《初恋50次》里的眼神；当然，如果你想表现出杀气，那么导演昆汀·塔伦蒂诺的电影中有太多这样的人物供你学习。

总之，你要让自己的眼睛“会说话”，一方面你要传递出自己想表达的信息，但不要表达得不准确甚至出现错误。例如，你想向一个女孩表达出一种坚强和自信，但是你未经练习，只是凭空想象着去表达，结果不小心变成了一种杀气，这样效果就会大打折扣。“你是来约会还是来打架的？”让女孩产生这样的想法，你就失败了。

当你约了人谈生意时，你应该在第一次见面时展示出热情的眼神，进入具体的谈判阶段时，你可以传递更多的自信和坚持。我知道这对你来说很有难度，但是你必须学会控制，否则你的控场技术无法有真正的突破。

一些书中讲到，人们的眼神反射的是自己的灵魂，是人们长期以来的经历所塑造的结果。但我并不这么认为，一个出色的控场者就像是一名专业演员，眼神和气场会跟着实际需要而转变，那样才会达到最佳效果。

你能成为这样的演员吗?

只要你不断模仿和练习，你连影帝都可以成为！一个简单的练习：你可以租来那些奥斯卡影帝影后的影片，然后观察他们眼神的变化，揣摩这种变化产生的原因，然后对着镜子进行练习。久而久之，你就可以成功地驾驭自己的眼神了！

◎语气：他的“法宝”是什么

想想那些让你记忆深刻的电影对白，或许你已经忘了具体的台词，但你一定不会忘记主人公说话时的表情和语气，那是真正能够触动你心弦的“武器”。

回到现实，在生活中、职场上，你一定会遇到这样的人，他们或许学识并不渊博，也貌不惊人，但是一说话就带给你很大的“冲击”，在你的脑海里留下深刻的印象。十几年前，我曾经服务过的一家企业的董事长兰迪先生，就是这样一个人。

那是我刚毕业没多久找到的一份工作。一开始，我对兰迪先生的印象非常一般。他四十多岁，是一个十分精瘦的人，个头不高，放在人群中实在不起眼。我在想，这样普普通通的人，能够带领企业走向卓越吗?

于是，我忍不住偷偷地问公司里的老员工："老兄，咱们的老板看上去有点‘弱小’啊，一点都没有大企业家的‘派头’。"我的同事直截了当地告诉我："伙计，你这么想就错了。千万不要小看咱们的老板啊，兰迪还是很有能力的！"

在我工作的第二年，公司遇到了金融危机，订单减少了很多。公司里弥漫着一种消极的气氛，各个部门开始互相推卸责任。兰迪先生察觉到了这一点，便把大家召集到了一起。

我清晰地记得，那一天，他站在前面，清了清嗓子，等大家安静后，开始讲话。兰迪并没有因为危机而显得情绪不佳，相反，他精神饱满，并且眼神中充满坚定的信念。

“我知道，这次金融海啸让大家感到恐慌，我相信很多人都在担心自己的工作。”兰迪先生的声音十分洪亮，一开口就让我震惊了，完全不符合他的体形呀。

“我非常理解大家的恐惧，我们都是为了自己的家庭和生活而工作，为了能让家人过上好的生活。如果说到恐惧，我应该比任何人都会更感到恐惧，因为在这里的很多人都是与我工作多年的朋友，我并没有把大家当作员工，在我心中，你们和我的妻子莎莉、我的女儿凯伦一样，就是我的家人。”兰迪先生说这些话的时候，声音充满了磁性，我看到有些岁数偏大的女员工一边听一边擦眼泪。

“但是，我想对大家说的是，我们并不应该活在恐惧中。”突然，兰迪先生的语气变得坚强起来，看着每个人的眼睛说，“这里有一些老员工可能还记得，1988 年那场诉讼案曾经让公司到了破产的边缘，但是怎么样？我们依然坚持住了，挺过去了，起死回生了！而今天的危机相比于 1988 年那次，算得了什么呢？我们只是订单减少了，但不代表着公司经营不下去要裁员了，对不对？”

“对！”在场的每个人都点点头，大家深受鼓舞。

接着，兰迪先生又换了一种更为高昂的语气：“我们不会裁员，不会让一个兄弟姐妹陷入困境！同时，我们要肩并肩地战胜困难，因为我相信，每一次危机过后都会迎来新的机会。我相信会有很多公司在这次危机中倒下，但我敢向大家保证，倒下的不会是我们。黑夜过后的阳光会更明亮，我相信没有人会希望倒在黎明到来之前，不是吗？！”

“对，我们不会倒下！”兰迪先生的反问语气激发了大家的斗志，包括我在内，我相信每个人都能从兰迪那里感受到那份鼓舞。

接下来，兰迪开始和每个部门的主管进行沟通，无论是销售部、市场部还是产品研发部，兰迪都一一给予鼓励，大家似乎又找到了方向！

结果是什么？我们不再忧心忡忡地工作，而是团结在一起，每个部门都充满了斗志。我们的订单增加了，从危机中走了出来，我们见到了真正的“曙光”。

现在想想，是什么感染了当时的每一个人？正是兰迪先生坚定的眼神和富有感染力的语气，让我们重新找到了方向。我相信这是兰迪能够一直带领团队走向成功的“法宝”，如果拥有它们，你也可以成为一个很好的领导者，甚至是领袖！

与之相反的是，我在后来曾见过很多演讲者，无论他们想表达的内容多么华丽，都由于缺乏那种富于变化的语气，没有那种能够感染听众的气场，很难给人留下深刻的印象！

语气可以练习吗？当然，我希望你在注意到语气的威力后，每天能够拿出30分钟左右的时间进行练习。你可以选择朗诵一些诗歌或短文，然后把你朗诵的内容录下来，感受你的语气，如果不满意就重新练习。

你也可以邀请你的家人或朋友来当听众，让他们为你提出建议。不管怎样，坚持这个练习一个月，你说话的语气就会富有一定的感染力！

◎情绪：三分钟控制练习

几年前，纽约的一家大型广告公司邀请我当顾问，帮他们与一家电信运营商进行谈判，希望能够赢得那家公司未来三年的广告业务。

和我一同去谈判的是这家公司的公关经理大卫和几名助理。我们组成了一个团队，花了很长时间，一起深入研究了对方的需求以及自身的优势，明确了谈判的筹码和我们的底线。然后，我们就要准备去芝加哥和那家公司的市场部进行谈判了。

但是，根据我的观察，在出发的前几天，大卫的情绪有些微妙的变化。虽然他一直在积极地准备这次谈判，但是我能感觉到他有些消沉，有时候我和他说话，他并没有在第一时间给予我反馈，问题出在哪里？

大卫是这次谈判的重要人物，他不能被任何负面情绪所牵绊，否则我无法帮助他掌控场面。

为了保证这次重要的谈判万无一失，我约大卫单独到写字楼里的咖啡厅聊天，我相信这样一个轻松的环境比较利于我们谈话。

一开始，我们谈了谈工作，然后我把话题转到了各自的经历上，这样能让彼此更熟悉也更轻松一些。在沟通中我了解到，大卫在犹他州一个偏僻的地方长大，他很努力，凭借自己的刻苦考进了哥伦比亚大学，就读于商学院。之后，他在不同的公司担任过重要的职位，一年多以前，他来到了这家广告公司。

“大卫，你的人生真是一帆风顺啊，当然，这和你的付出成正比，你很有前途。”我在他描述完自己的经历后，借机赞美他。

“您太客气了，和您相比，我的成功还微不足道。”大卫露出了难得的笑容，但是笑容很快又从他的脸上消失了。

“不，是你太谦虚了，你看董事长对你多么器重，把这次这么重要的谈判交给你，足以说明你的实力。”我继续赞美他。

他沉思了几秒，然后突然叹了口气，说道："和您说实话，一年多之前，当我接手这个职位之后，虽然我在努力维护公司以前的老客户，但其中还是有一些老客户被原来的公关经理争取到了其他公司，一直以来，我也没有谈成太多新的大客户。而这次，董事长给了我很大的压力。"

"哦？是吗？"我想知道这是不是他情绪不佳的原因。

"是的。就在几天前，他把我叫到了办公室，一脸严肃地向我说明了这次谈判的重要性。从他的表情和言谈举止中，我能感觉到，如果这次我们不能成功，我可能会被'扫地出门'。唉，如果是那样，我的日子会变得非常难过，我刚在市里贷款买了一套公寓。"大卫一边说一边叹气。

没错，就是这个原因导致了他的情绪变得低落，我非常能理解这种压力："大卫，别着急，我们一定可以谈成这笔买卖。我们有李奥贝纳、奥美没有的优势，所以不用害怕竞争。"

"真的吗？"大卫疑惑地看着我。

"当然，可以说，我们胜券在握。"我给他吃了颗"定心丸"，"不过，这几天我们都能看出你有些心不在焉，你灿烂的笑容没有了！现在，我知道是压力让你变得焦虑，可是大卫，你希望这种'不开心'被我们的客户看到吗？"

"当然不了，先生！但是，我总是控制不住自己往那些糟糕的方面想。”大卫一脸郁闷地说。

“我教你一个方法，你可以试着做一下，看看能不能改变自己的情绪。”我看到大卫点点头，就接着说，“你只需要三分钟。首先，你要拿出一分钟，闭上眼睛进行深呼吸，停止那些负面的想法，去想象一些美丽的景象，逐渐让自己的心平静下来；接着一分钟你需要睁开双眼目视前方，一边攥拳打气一边告诉自己‘一切由我说了算’‘我是最好的’‘我能掌控任何人’等积极的语言，并尽量感觉到自己十足的底气。”

“然后呢？”大卫迫不及待地问。

“然后，第三分钟，你可以选择哼唱一首你喜欢的、比较欢快轻松的歌曲，并让自己的表情尽量与歌词和旋律同步，你甚至可以手舞足蹈。”

“啊？那样别人会不会认为我是神精病？”

“如果你怕影响别人，你可以在洗手间里或楼梯的拐角里进行这个练习，没有关系，真正受益的是你自己而不是别人。”我微笑着说。

“那你等我一下，我现在就试试！”大卫起身。过了五分钟，他一脸阳光地回到了座位上，微笑着说：“您的方法让我感觉不错！”

“对，我们去芝加哥后，我要的就是你此时此刻的状态！”

我们一边笑一边埋单，之后走出了咖啡厅。

当然，越是重要的、艰难的谈判，你越是需要时刻保持好的情绪。我们在芝加哥和对方公司谈判了两周，最终得到了自己想要的东西——一份三年的广告服务合约！这期间，大卫的情绪一直控制得很好，我们成了非常好的伙伴。

想成为出色的控场者，你首先应该学会控制情绪。你会购买一个看上去“正在倒霉”的推销员的产品吗？显然不会，你想远离他还来不及呢！

当你情绪不高时，你的潜力就不能释放出来，你的吸引力也会随之降低，所以，试着用“三分钟控制练习”，帮助自己唤醒积极的情绪。

Part 3 控场的关键：看穿对方才能驾驭对方

◎FBI（美国联邦调查局）的启示：锁定细节

我的朋友萨默尔（假名）是一名地地道道的联邦调查员，他参与调查并成功破获了很多起犯罪案件。为了保护他的真实身份，我在这里并不想写出他的真名和案件内容。

有一年万圣节的前夕，我在路上偶遇了萨默尔，便约上他到酒吧喝上一杯，他很爽快地答应了。在酒吧里，我们一边喝酒一边聊天，我注意到他总是有意无意地观察着旁边路过的人，“老弟，职业习惯吗？”我指了指自己的眼睛问他。

“哈哈，被你发现了。”萨默尔笑着说，“没办法，我们每天都要与人打交道，观察和审问别人是我们的职业。”

“是啊，我理解，反正电影里都是那么演的。这么一会儿，有什么发现没有？”其实我还是很敬佩他的洞察力的。

萨默尔喝了口酒，开始公布他的发现："六点钟方向那个黑衣服、褐色头发的女士估计正在等她的情夫。"

我假装毫无目的地扭过身子看了一眼，果然在我们对面不远处的桌子旁坐着一位女士。我赶紧扭过身低声地问："你是怎么推断的？她也可能在等她的朋友啊。"

萨默尔笑着说："不，一会儿你就能看到答案了。"

几分钟后，果然有一名男子走到那个女士的桌前。两个人有说有笑，男的一直搂着女士的腰，完全像一对情侣。

"好吧，来说说你是怎么看出来的。"我不得不开始相信萨默尔的判断。

萨默尔指了指自己的眼睛："就是靠这一对'老家伙'发现的。首先，我注意到那位女士坐在那里一直东张西望，她一边看着门口，一边看着周围的人，所以，我判断她在等人，而又不希望在这家酒吧里遇到熟人。同时，她的表情既紧张又兴奋，两只手一直握着啤酒杯，这可以说明她在准备一场约会。而她手上戴着的结婚戒指暴露了她的身份，所以我想她的情人也知道她是一个有夫之妇吧。"

萨默尔的一番话让我频频点头。

他接着说："而且你看，这位男士到来之后呢，他们那种欢愉的交谈，难道像一对老夫老妻吗？而且那位女士的脸颊开始有一些泛红，我认为他们确立这种‘关系’还没有多长时间。呵呵，很多时候，事情的真相就隐藏在细节中。”

萨默尔现身说法，给我上了一堂生动的“FBI 心理分析课”。我举起酒杯对他说："老兄，真是什么都逃不过你的眼睛！你们每个探员都是这么厉害吗？"

“不，这需要不断的锻炼和提升，你办的案子越多，经历的越多，你就越能知道从哪些细节中找出线索。”萨默尔有些得意地说，“比如最基本的，如果你盘问一个人的时候，如果他的回答中总是省略‘我’，那这个人有可能是在撒谎。按照你们专业的话说，这是因为撒谎者在潜意识中是不舒服的。”

“可是有的人很善于撒谎啊，不是吗？”

“是的，有一些嫌疑人是撒谎的高手，他们在头脑中事先编织了一套谎话，例如，自己在某件事发生的当天的晚上做了什么。当你询问他们时，他们表现得非常自然，包括吃了哪些东西、看了什么电视节目等，这种过于自然顺畅的‘表演’我们经常遇到。我们会一边听一边想，这个人正在把他们的谎话背出来！”

“哈哈，还有吗？”我十分喜欢听萨默尔传授经验。

“还有，你注意过声音的变化吗？当有的人在和你说话时，如果突然不自觉地提高了音量，或是加快了语速，你就要小心，他们要开始说谎了。”萨默尔狡猾地笑了笑。

“看来，和你们说话我要格外注意！”我和他开了个玩笑。

和联邦调查员萨默尔的谈话给了我很大启发，在我们和对方进行沟通时，对方的语言或表情中总会有一些细节能被我们捕捉到。这些细节可以帮助我们洞察对方真实的想法或情绪，如果你掌握了这种观察和分析的技巧，你的控场能力将会得到全面提升。

所以在这一章中，我们将一同学习一些“看穿”对方的技巧，经过练习和实践，你也可以像萨默尔那样善于观察和感知对方。只有这样你才能更好地驾驭对方，不是吗？

◎让对方无法再欺骗你

我相信，你在生活中遇到的大部分人都不是好的“演员”，他们并没有受过专业的训练，所以很多人无法成功地伪装自己，扮演自己想演好的角色。你很容易从他们的脸上找到答案，特别是他们的眼睛和眼神。这是你读懂对方的重要窗口之一。

爱默生说过：“人的眼睛和舌头所说的话一样多，不需要字典，却能从眼睛的语言中了解整个世界。”事实上，我们能从对方的眼睛里读到什么，就能知道对方在想些什么。

很多人在生活中或工作中都会遇到这样的问题，人们总是通过说谎话的方式来极力掩饰自己的错误或想法，希望把你蒙在鼓里。但是，你会希望自己成为谎言的受骗者吗？

显然不会！通过观察对方的眼神，有两种情况可以帮你识别对方是否说谎。一种情况是对方是否敢于直视你的眼睛，是否害怕和你交流。

你小时候听到母亲这样说过吗：“托尼，你又撒谎了，我非常清楚这一点，因为你根本不敢看我的眼睛！”是的，撒谎者从心里不敢直视对方，这是他们“理亏”的表现。

当然，有一些撒谎者知道这一点。他们害怕被你揭穿，于是会采取一种做法，就是加倍专注地盯着你，目的是为了掩饰自己正在撒谎并观察你的反应。但很快你会发现，他们由于注意力太过集中，瞳孔膨胀，眼睛很快变得干涩，会不停地眨眼，这个细节会让他们暴露自己。

还有一种情况是什么呢？当对方和你说话时，他们的眼球是否在往右上方转动，如果是，你就要小心了，对方可能正在组织谎言。这其中的原理在于，人的眼球转动是因为大脑的活动，当大脑在绘制一幅并不存在的情况时，人们的眼球是往右转动的；如果大脑回忆某些真实的画面，眼球则会往左运动。未经训练的大多数人，一般都符合这个特点。

这些细节，你之前注意到了没有？现在你可以做个练习，来验证我的理论。你可以邀请你身边的任何人，让他坐在你的对面，请他保持严肃并简单讲述下面几个经历，当然你要求他选择其中至少一个进行虚构。在每描述一件事之前，请给对方一分钟思考的时间。

1. 描述一下你最近一次约会的经历
2. 描述一下你去过的最好玩的地方
3. 描述一下你正在阅读的一本书
4. 描述一下你昨天晚上都做了什么
5. 描述一下你很难忘的一次工作经历

在对方思考或描述的同时，你需要观察对方的眼睛，从中找到破绽。你会发现，使用这个原理，别人就没那么容易再欺骗你。

除了眼睛的运动以外，眼神也是一个重要的观察点。当你和别人谈论某件事时，你能从对方的眼神变化中读到变化吗？

假设你是一个企业的管理者，你给某个下属安排一项重要的任务时，能从他的眼神读到哪些信息呢？是自信还是恐慌？是坚定还是犹豫？是渴望还是厌烦？

对方眼神中流露的信息对你来说至关重要。从控场的角度来说，比如，你算计好了筹码，设置好了压力点，你应该观察一下对方的反应，他们的反应是什么？例如，当你抛出筹码时，他们的眼神并未发生太大变化，那么，可以想象，他们的内心是可以接受的。

相反，当你给出筹码后，他们的眼神有些失望，眼睛不断转动，说明他们在想着如何对付你，这个时候你就要格外注意了。你甚至可以先放慢谈话的节奏，因为你知道对方的注意力已经转移到反驳你上面，所以你没有必要再继续给对方施加压力了。

◎透过神情看到心情

如果你善于从对方的眼睛和眼神中寻找答案，再对对方的表情变化加以观察的话，你基本上就能读到对方内心的变化，感知他们的想法了。

有一次，我和一家企业主保罗商谈购买部分股份，我们一开始聊得非常愉快。但当我试探性地开出条件时，我明显看到了他脸上的变化，那是一种十分失望的眼神，并且眼球一直在转动，同时他脸上的表情开始僵硬。

保罗虽然表面上一边点头一边听我解释，但我知道他在进行非常复杂的内心活动——他的眼睛并没有看着我，而是摇摆不定。或许他正在想，“我凭什么这么便宜就把股份卖给你”或是“他给的价格太低了，我应该再问问别的投资人”……

我知道，这时候他的注意力已经不在我说的话上了，于是我果断采用了“暂停”。我放慢了说话的节奏，给他倒了杯茶，然后转移话题，我们聊了聊关于茶的一些见解，我希望能够把他的注意力从价格上转移过来。

慢慢地，当气氛逐渐“由冷转暖”之后，我便开始向他描述一幅画面。我可以借助自己的人脉关系，让他的企业获得更多的社会资源，公司的形象和规模都会尽快得到提升和扩大。当然，这是我早就准备好的一个筹码。

我的描述深深吸引了保罗，他的眼睛开始集中注意力看着我了，眼神中的失望逐渐淡化，脸上的肌肉开始放松，偶尔露出自然的微笑。我把握住了这种变化，然后诚恳地对他说：“我相信，我给出的价格并不是十分高，但是我相信自己比任何投资者更了解你的企业，我也非常渴望我们能够成为亲密的合作者。你能感觉到我的真诚吗？”

他点了点头，嘴角有一个微妙的动作，我知道保罗还是想争取一下价格。但是我不能给他这个机会，那样容易把形势拖入“拉锯战”中。我充满自信地说：“你看，我曾经帮助杰瑞的公司成功上市，现在杰瑞每天都坐着游艇到处出海，在佛罗里达玩得不亦乐乎。我也希望能把这份好运气带给你。”

“嗯，让我想一下好吗？”保罗非常认真地说。

当然，我会给对方这样的机会，按照我的经验，他们思考的结果是为了做出决策，而这种决策的结果多半是朝着我希望的方向，因为我已经影响他们了！我微笑着鼓励他：“好的，保罗，既然我们是朋友，我当然希望你能做出最正确的决定。你慢慢想，我去一下洗手间。”

几分钟后，等我回来的时候，我远远地看到保罗一脸轻松的表情。他做了决定，而且肯定是我期望的结果。我的判断非常简单，如果他想拒绝我，他的表情恐怕就没这么轻松了！

于是，我用最快的速度调整了表情，像已经谈成买卖那样快乐地朝他走去。保罗站了起来，伸出右手：“我希望你能带给我好运气！”是的，买卖谈成了！

我相信，在你去说服别人之前，你一定是做足了准备，就像要上战场的士兵，一定会把枪擦亮，把子弹装满。你的筹码、压力点、气场都会准备到位。但是这还不够，因为你永远不知道对方的想法，所以你不能完全按照自己的计划，把“子弹”一股脑全打出去。如果你那样做了，到最后你“弹尽粮绝”时，就只有被动挨打的份儿。

如果事事都像你安排好的那样，那么萨达姆早就束手就擒，本·拉登早就解散恐怖组织，所有的战争都可以避免，任何一个被劫持的人质都会得到解救。遗憾的是，世界不像你想的那样，对方并不是那么轻松就能被控制的。

他们往往嘴上说着一件事，心里却想着另外一件事；他们或许表面点头，实际上在想着如何打倒你。所以，你应该时刻观察对方的眼睛和表情，发现他们心理活动的变化，读懂他们的想法，你才能看到对方更真实的那一面。

对于涉世不深的人来说，如何做到这一点呢？

我的建议：从现在开始，在沟通时有意识地注意观察别人的表情，例如，你的老板、同事、下属，你的亲人、朋友，还有你第一次遇到的陌生人。当别人准备和你发出沟通信号时，你可以观察一下对方的表情，感知一下他的情绪。当你向他表达一些对他有影响的事情时，观察一下他的表情。久而久之，你就能培养出一双“厉害”的眼睛。

在这里讲一则逸事。据说在美国保密局的档案胶片中，当比尔·克林顿说到莫妮卡·莱温斯基的时候，他的前额十分微小地皱了一下，虽然只有短暂的一秒，但还是向捕捉到这个表情的人传递了一个信息：他和莱温斯基有一些“复杂的、不愿被人知道的”故事。

◎打破那堵“墙”

哈佛大学心理学院曾经做过一项实验，是一个关于环抱双臂这一动作的演讲，我们一起看一下这个研究的过程和结果。

研究期间，研究人员把志愿者分为两组，参加一系列讲座。他们对第一组志愿者的要求是，在听讲座的时候请使双腿和双臂保持自然状态，不跷腿，不可以将双臂环抱于胸前，尽量让自己保持放松的姿势。在讲座结束后，研究者记录了每位志愿者对讲座的掌握程度，以及对讲座的看法和观点。

而研究者则邀请第二组志愿者聆听同样的讲座内容，只不过要求他们保持跷腿和双臂交叉环抱于胸前的姿势，直到讲座结束。同样，研究者记录了这一组志愿者对讲座的掌握程度，以及对讲座的看法和观点。

实验结果非常有意思，和第一组相比，第二组志愿者所记住的演讲内容少了 1/3，并且从他们的看法和观点来看，他们对讲座提出了更苛刻和挑剔的意见。

这个实验说明了一点，当一个人感到紧张不安，或不愿接受别人的谈话时，他很有可能表现出双臂交叉环抱于胸的动作。

在我讲到这个实验的时候，我的学员提出了异议。有人认为这是一种彰显自信的动作，很多成功者都用过这种动作来表示他们的信心。事实上，那只是一些成功人士为了某些图书、CD、杂志封面而故意摆出的姿势，况且那多是一边站立一边微笑时采用的动作。

而在真实的生活和工作中，他们一般不会采用那种姿势，除非他们想告诉对方“我不是很相信你的话”，或是“我不是十分认同你”，等等。

因为一般来说，当一个人坐在你的对面，摆出这种姿势动作的时候，他们多半是表情严肃，而当你说完自己的观点，他们往往会迅速反驳你，因为在做出这个动作的同时，他们的心思已经开始放在挑剔你、反驳你上了。

这种交叉双臂环抱于胸的动作，就好比一堵“墙”，将你和对方相隔。如果你在沟通中发现对方做出这个动作，你需要进行调整，因为对方已经树立了一面“墙”。如果你还注意到对方的拳头紧握夹于腋下，嘴唇紧闭，脸色不悦，那么你就更要小心了，接下来可能会有激烈的口舌之争，那是你最不希望看到的局面，不是吗?

我曾经在一家医院的候诊室里看到这样的情况。一个病人坐在椅子上，跷着腿，双臂交叉环抱于胸，他看上去十分着急，并不时低头看手表。突然，他抬起头大声向对面的护士问：“喂，女士，什么时候才能轮到我?”

那个护士并没有注意到他的动作，看了他一眼回答道：“等着吧，一会儿到你了会用广播通知的。”

那个护士的回答没有错，但是那位病人可并不这么认为。他大声抱怨道：“我在这儿等了很久，我还有其他事情呢。”

“那你也得等啊，这里谁也不是闲人。”护士没好气地回答了他。

这一下激怒了那个病人，他站了起来，一边走一边愤怒地说：“你这是什么态度！我要向你们的院长投诉你。请你马上向我道歉……”

是的，这个病人的情绪失控了，一场激烈的争吵开始了。我一边听着一边想，如果那名护士能够提前注意到这位病人的动作，及时捕捉到他的情绪，她完全可以换一种方式来回答，从而避免一场毫无意义的争吵。

那么，当你注意到对方树立起的这面“墙”时，你该怎么做呢？答案就是：打破这堵“墙”！

你应该放慢自己说话的节奏，在大脑中思考一下，是不是自己说了一些违背对方观念的话，或是你的哪些要求让对方感到不满。你可以通过转换话题和营造气氛的方式来打破这堵“墙”，你也可以干脆停下来让对方打开“话匣子”，听听他的想法，找到问题的关键。你可以这样打破：

“嗯，让我们换个话题……”（转换型）

“我给你讲个有意思的事吧……”（活跃型）

“可能您现在不赞同我的提议，不过……”（诚恳型）

“我现在非常想听听您的想法……”（询问型）

随着你的努力，当对方身体动作发生了转变之后（由防御到放松），你就可以接着按照你的计划去沟通了。

几年前，我在华盛顿进行演讲，我发现那里的听众非常“难对付”，演讲了几分钟，他们很多人摆出了双臂交叉的防御型动作。于是我赶紧加入了几个笑话段子，使气氛活跃了起来，很明显，很多人的动作变得自然了，表情轻松了。那堵“墙”被我打破了！

“苹果核”法则

除了会观察，你还需要听得懂对方的每一句话。有的人会十分不解地问："话有什么听不懂的呢？"事实上，人们经常因为无法确切地找到对方说话的目的，无法读懂他们内心的真实想法，从而失去了主动。

很多时候，对方所说的话并不是表面的意思那么简单，这就像是一个苹果，果核才是真正的原因。因此，为了找到果核，你必须把苹果切开。我把这个原理称为“苹果核”法则。

如果你从事过销售，下面这句话你一定听过很多遍："我觉得价格有些高了。"实际上，这句话的背后可能隐藏着多种心理：

“这超出了我的预算。”

“我买不起。”

“打折的话我才考虑买。”

“别人的价格会更低。”

“我不是做决定的人。”

“我想争取降价。”

“你们能给点赠品吗？”

“我有些犹豫。”

……

如果你不能了解到对方的真实想法，你将永远也看不到苹果中心的核，你又怎么能够解除对方的顾虑，从而提高成功率呢?

例如，一位顾客在向汽车销售员随口抱怨：“现在的汽油可真贵。”这句话的意思有两个方面，一方面是顾客是一位精打细算的人，另一方面是顾客希望买一辆节油的车。

所以，稍微有经验的销售员会立刻帮他推荐一款节油性能好的汽车，而不是继续滔滔不绝地向客户推荐那些高价的和耗油的车。

很多时候，人们真实的想法往往在不经意间流露出来，很短暂，你能捕捉到吗?

有一次，我和女儿劳拉探讨就读大学的问题。我建议她去哥伦比亚大学学习，但是她坚持想去芝加哥，我们僵持不下。突然，我听到她嘟囔了一句：“辛迪可能也去芝加哥大学。”我知道那是一个重要的原因，辛迪是劳拉最好的朋友。

于是，我这样和劳拉说：“孩子，我知道辛迪是你的朋友，但是去哪儿就读大学是你自己的决定。你的梦想是成为一名出色的记者，而哥伦比亚大学新闻学院又是全美最好的新闻学院，是排名第一的，你的梦想可以在那里实现。所以，我相信你的好朋友辛迪也会支持你的，因为她是你的好朋友，对吗？你并不会失去她，相反，你会实现你的梦想，你觉得呢？”

劳拉点了点头，我的话打动了她。

再比如，你的老板问你：“麦克，你来公司有一段时间了，你对未来有什么想法吗？”这是一个很刁钻的问题，你千万不要信口开河地大谈理想和职业规划，因为那样会让老板觉得你十分幼稚，也可能让老板觉得你只是把公司当跳板。如果你的回答让老板产生了这样的想法，你会得到什么好处呢？

其实老板问题的核心在于，他想知道你对这份工作的态度，所以你应该充满自信和渴望地告诉他：“我很喜欢在这里工作，相信自己能做得更好，我期望未来能够让您满意。”你这样说，老板才会对你产生非常好的印象，有利于你以后在公司的发展。

有的人或许是出于“面子”的考虑，有的人或许是出于自我保护的考虑，有的人或许根本没意识到自己潜意识里的需求。无论是出于哪种原因，你所接触的人中，总有人不会直截了当地告诉你他们的想法。这个时候，就可以使用“苹果核”法则了！例如接下来的示例，箭头左边是我们听到的“苹果”，而“苹果核”在箭头右侧，你能体会到吗?

这里的工作实在太辛苦了 → 我希望能加薪

通货膨胀太严重了 → 我需要更有保障的投资

罗琳的宝宝真可爱 → 我希望我们也有一个孩子

我最近压力有点大 → 我希望你能安慰我的情绪

……

你要养成揣摩对方语言的习惯，争取捕捉到每一个重要的信息，这会让你成为一个“听话”的高手。你就更容易说服对方，实现控场的终极目标。

◎习惯即性格体现

习惯是什么?

习惯是人们长期以来养成的行为惯性，它根植于人的潜意识。通俗地讲，习惯是你经常发生，却不会主动意识到的行为。

例如，每天洗澡的习惯，到了晚上，你会自动自发地走向浴室，而不是自己或别人通知你："伙计，你该洗澡了。"再比如你开车时，见到红灯踩下刹车，这也是一种习惯，你或许连想都不用想，就做出了这个动作，对不对？

由于每个人的背景不同、经历不同，所形成的性格不同，习惯也截然不同。所以，这就给我们了解对方提供了一个方向，从习惯中去感知对方的性格。这很有效，因为习惯是对方长期养成的结果，它骗不了人，而且很多习惯是有规律可循的，如果你掌握了这种规律，就可以更好地把握对方！

举个简单的例子，比如一个人有收听新闻和看纪录片的习惯，那么可以知道这个人好奇心强，社交能力也不错，喜欢用各种有用的信息来丰富自己；而喜欢看电视剧的人，则更富于理想主义，对生活抱有一定的幻想。

我所接触的很多企业家都有这个习惯，他们会在办公室的墙上悬挂电视，只要有时间，就会锁定新闻频道，一方面能让自己得到休息，另一方面也可以及时捕捉到有用的信息，这是一个很好的习惯。

与人接触时，我有一个习惯，就是观察对方的习惯，揣摩他的性格。因为我知道，对于高手来说，语言和表情都很容易伪装出来，但习惯无法伪装出来，所以很多时候，习惯向你提供了更准确的信息。

我清晰地记得，有一次，一位证券投资人找到我，希望我能够委托他们打理资产。我们聊了很长时间，其间，他不断暗示我，他们的收益率非常不错。我知道这是他们的惯用手法，从他的表情中，我也能捕捉到足够的信心，但是，我还希望能得到更多的信息。

于是我希望他给我讲讲他们投资的策略和方向，他开始滔滔不绝地给我讲。在讲述的过程中，我注意到了一个细节，他有一个习惯多次出现，那就是总是在抖腿，并不断用手指敲打桌面。

这个习惯给我的暗示非常不好，我能感觉到他是一个十分急躁的人，而投资最忌讳的事情，不就是心浮气躁的个性吗？我非常礼貌地拒绝了他，他耸了耸肩，摆出十分可惜的表情。

后来，我从华尔街的朋友那里得知，这位投资人因为不断出现失误，而导致了客户的巨大亏损，公司大门紧闭，人也不知跑到哪里去了！

你看，一个被我捕捉到的小习惯避免了我的巨大损失，你还有什么理由不去重视这一点呢？从控场理论的角度来说，当别人的习惯呈现在你面前时，你就等于掌握了对方的性格特点。

比如，总是看手表的人，他们的时间观念很强，不喜欢那种毫无意义的空谈。和这样的人交流，你的气场应该是一位时间观念很强、看上去十分干练、且注重沟通效率的人。这样会有利于你谈成事情。

再比如把手机、记事本、香烟、咖啡杯整齐摆放的人，说明他们做事有条不紊，注重细节。和这样的人进行沟通，你要控制好节奏，不要太着急实现控场的目标，因为对方并不是那种随意就能与别人达成共识的人，你需要对其进行耐心的引导。

还有一边吸烟一边经常抬头环顾四周的人，他们一般比较自负。想得到这样的人的认可，你需要找到他们感兴趣的话题，并尽量自然地赞美他们，他们会对你产生好感，只是因为你满足了他们的心理渴求——被尊重和赞美。你要怎么做呢？第一时间给予他们想要的！

对于这一点，我的学员玛利亚主动向大家分享了自己的经历。她的一位潜在客户就是个十分骄傲的人，但也是个不会轻易做出决定的人，总是对玛利亚不冷不热。

玛利亚不想丢掉这个客户，她经过耐心的观察，发现这个人总喜欢在社交网络上面发一些炫耀自己的日志。于是，玛利亚总是第一时间给他发表评论，对他所写的内容表示出极大的兴趣，并时不时赞美他几句。

时间一长，情况发生了转变，这个骄傲自负的人开始回复玛利亚的评论，他已经把玛利亚当成朋友了！结果是，玛利亚在他那里实现了自己的目标——一份合约。

◎提前了解对方的喜怒

除了气场和制约对方的各种元素，你最好还能对你要碰面的对象做点“功课”。这就像打一场战役，如果你能事先摸清对方的脾气，你就能更有效地对对方采取行动，而不是等到两军相遇时再匆匆忙忙地改变战术。

艾森豪威尔将军之所以百战百胜，就是因为他总是千方百计地从各个方面获取有用的信息。信息很重要，否则中情局那些人就可以转行了！

我的朋友马登是一家小型出版公司的创始人，由于一些原因，他想转让自己的公司。他把目标瞄准了公司所在地区最有实力的一家大出版社，埃尔森先生是这家大出版社的董事长，并且和马登有过一面之缘。

马登打了电话过去，说明了自己的目的，埃尔森表示出了一定的兴趣。于是，马登准备拿着公司的财务报表等材料，亲自登门拜访埃尔森，希望能促成这笔买卖。我劝他不要着急，先充分了解对方后再做打算。于是，马登想了个办法，通过朋友的关系，从埃尔森公司的员工那里了解到了一些情况。

这并不属于窃取商业机密，马登的朋友只是表达了对他们老板的好奇。那位员工开诚布公地向他描述起来："嗯，根据我的观察，埃尔森先生呢，是一个非常有活力的人，他喜欢各种体育运动，有时候还组织我们进行网球、慢跑比赛。另外呢，埃尔森先生非常有野心，他总是强调要把公司做成全美最大的大众图书出版商，所以，唉，我们总是跟着他一起加班，加班费少得可怜啊。当然，这是你问我的，我并没有抱怨的意思……"

马登的朋友向他转述了那位员工的话，这让马登和我得到了很多有用的信息。一方面，我们知道了埃尔森先生的兴趣和爱好，另一方面，我们也了解到他争强好胜的性格。当马登掌握这两点后，我给马登提了一些建议。他疑惑地问我："公司真的可以卖到600万美元吗？"

我笑着回答："是的，不过你要先报655万。"

于是，马登鼓足勇气，主动打电话给埃尔森："喂，埃尔森先生，不知道这个周末你有没有时间，我正好有一张两个小时的网球训练券，我想邀请您一起活动一下身体。如果有时间的话，我们可以谈谈公司转让的事。”

“哦，你好，马登老弟，我想我应该是有时间的，但是我不能随便做出购买的决定。”埃尔森既答应了马登的邀约，同时婉转地告诉他——“我是一个十分谨慎的人”。

“当然。那就周六下午见了！”马登干净利落地回答。

当他们在网球场碰面的时候，埃尔森表现得十分客气。两个人打了一个多小时的网球，马登能够感觉到自己的水平远远高于埃尔森，但他装作和对方水平差不多，甚至有些时候故意出现了一些失误。

打完球，马登很自然地表示出想请他吃饭的意愿，埃尔森欣然同意了。于是他们在球馆附近找了一家餐厅，然后从网球技术开始聊起，马登一有机会就赞美埃尔森几句，从埃尔森的表情中可以看出，他非常享受这种赞美。

当晚餐进行到了一定阶段的时候，马登觉得时机差不多了，便拿出了自己准备好的材料，让埃尔森先生过目。埃尔森戴上眼镜，认真地看了起来。

实际上，作为经验丰富的经商者，埃尔森很快心里就有数了。当马登报出655万美元的价格时，埃尔森想了一下说：“这个价格实在太高了，恐怕……”

马登一脸轻松地说："埃尔森先生，这个报价是合理的，除了逐年增加的净利润以外，我还有一点要说明，能让你觉得这是一件超级划算的事。"

"哦？"埃尔森表示出了兴趣。

"是这样，这家公司从成立的第一年开始，就在做零售店的终端，有超过200家固定的地区超市与我们合作，这些都是我多年来用金钱和时间维护出来的。如果你收购了我的公司，想想看，这200多家超市都会成为贵公司的资源，加上您已有的渠道，您会成为全美渠道最好的出版商，那简直就无敌了！"马登一边说一边加重了语气。

他的一番话让埃尔森变得有些兴奋，因为他帮埃尔森设计了一幅画面，全美密密麻麻的销售网络，这难道不是自己期望的吗？但埃尔森表面上还是保持了镇定："但价格还是很高啊，你看你们的固定资产并不高啊。"

"这我承认，但是我们都知道，在这个行业里，口碑、销售通路、作家等无形的资源才是最重要的，比固定资产重要得多。"马登有条不紊地说，"事实上，我并没有在资料中提到，我们读者俱乐部登记的会员就有53000人，签约的作家超过120位，这些都是我们最宝贵的资产。作为行业里的权威，我相信您能体会到这些'软性资产'的价值吧，这些无形的资产有助于你的公司成为行业里的‘老大’！”

埃尔森点了点头，马登的话打动了他。无论如何，他都觉得如果能收购这家公司，他的行业地位将会得到大幅提高。“这样吧，我会开董事会，和各位董事讨论一下。你的底线是多少？”

“655万美元，这就是我的底线。我会把我刚才说的做成补充材料，让人专门给您送过去，周一上午就能到。请相信，这绝对是笔好买卖，预祝我们能够合作成功。”马登举起了酒杯。

“好。”埃尔森也举起了酒杯。

你猜怎样？最后埃尔森花了615万美元收购了马登的公司，而马登高高兴兴地买了一辆奔驰汽车送给我。是的，我帮他卖了个好价钱。

◎使用侧面问话的技巧

马登的成功关键在于，他提前获取了信息，找到了对方的兴趣点和心理突破口，并在语言中重点突出了这一点。仔细回想一下，为什么很多时候你做了准备，却无法实现自己的目标呢？其中很重要的原因在于，你没有找到对方心中最需要你触碰的那根弦。

你一定碰到过很多伶牙俐齿的推销员，但你就是提不起兴趣购买他们推销的东西，原因在于他们并没有说到你的内心需求上面，所以他们没有从你那里赚到钱，得到的反而是你的拒绝。

你在生活中也一定见过很多失败的父母，他们习惯花很长时间来教育孩子，但是找不到孩子不听话、学习差的真正原因，所以失败的状况还是会继续。

如果你无法得到足够的信息，你也可以通过侧面问话的技巧来获取，这是一种常用的技巧，我们来看一下下面这个案例。

一位面试者威廉到一家公司面试，面试官马克是一个很有经验的人。威廉向马克做了自我介绍，并表现出对应聘职位的自信和渴望，但他提出的薪酬要求实在不低。为了确定这个人“货真价值”，马克开始使用侧面问话的技巧。

“威廉，我已经基本了解了你的情况。现在我想了解一下你的个人兴趣，你平时有什么爱好吗？”马克貌似随意地问了一句。

“我很喜欢旅游，一有时间就出去玩上一趟。”威廉一脸轻松地说，“在过去几年里，我去过巴西、澳大利亚和欧洲很多国家。对了，我还去过印度呢，不过那是很久远的事了。”

“哇，你去过的地方可真多！”马克一脸赞赏，“不过澳航的飞机总是晚点，我上回去悉尼就等了很长时间。”

“我去澳大利亚的时候倒没遇到过，但是欧洲航空公司确实存在这个问题，有一回我在希斯罗机场足足等了十个小时，还有一回在巴黎也赶上了晚点。”威廉一脸愤愤不平的样子，他一边说一边眼球向左转动，在回忆那次经历。

“是啊，那可真糟糕，你没有投诉吗？”马克顺着威廉的话问道。

“嗯……事实上，我并没有投诉。因为我觉得那样做毫无意义，因为航空公司总是有充足的理由等着你。所以这种情况下，我一般会喝杯咖啡看会儿书或写点东西，时间一晃就过去了。投诉有用吗？反正我没试过。”威廉看着马克，眼神好像在问：“你试过吗？”

“确实没什么用，呵呵，威廉，我试过。”马克苦笑了一下，“好的，我没有什么问题了，你等我的消息好吗？”

“好的，谢谢你，马克。”威廉起身和马克握了握手，结束了自己的面试。

三天后，威廉接到了马克的电话，公司决定录用他了。

在面试过程中，从工作经历和对职位的渴望，威廉都表现得不错，但是马克认为他还需要了解威廉的态度。于是他选择了侧面问话的技巧，关于飞机晚点的问题，马克实际上是想知道对方在职场遇到不公平待遇时，会采取怎样的态度。

威廉的回答让他感到满意，马克认为，威廉在遇到困难时，是一个有耐心的人，这是马克决定录用他的原因。换个方式想，如果马克直接问："威廉，如果在职场上遇到不公平待遇，你会采取怎样的态度？"他会得到最真实的答案吗？

还记得我那位联邦调查员的朋友萨默尔吗？他也曾明确和我说过："我们遇到过各种各样的人，有时候无法直接撬开他们的嘴，但是'兜个圈子'往往能找到答案。"这里提到的"兜个圈子"，其实就是侧面问话的技巧。

作为控场者，你需要深谙对方的心理，才能更好地掌控对方。但直接问话的方式一方面容易使对方尴尬，另一方面你往往也得不到最真实的回答。而侧面问话能找到真实的答案，也能帮你打开谈话的突破口，这真的很管用。

例如，你问一位客户："您是否想投保一份健康险？"这种问话非常糟糕，对方只要说自己不想投保，或是找个理由说自己没钱投保，那么你基本上就没有对策了。但是你若使用侧面问话的方式，效果就会有所变化。

“请问您最近做过什么投资吗？”

“我买了点股票，这个和保险有什么关系？”对方一定会有点匪夷所思。

“我不得不说，很多人都和您一样，都在从事金融投资，这并没有错，但风险和收益往往并不理想，相信您也有这种感觉。其实，很多人都忽视了一种最伟大的投资——对自己的投资，特别是健康。只有投资过健康的人才知道，对健康的投资既有保障，收益又丰厚，您愿意花几分钟听我介绍一下这种投资吗？”

“嗯……好吧。”客户不知不觉地被引导和掌控了。

在下一章里，我们将会学到如何发挥气场的力量，成功地引导并掌控对方。掌握最基本的控场逻辑，你就会成为圈子里最有支配力和影响力的人！

Part 4 控场的技巧：主宰和支配对方的秘诀

◎展示：热情和友好

如果你不是为了教训别人，或是想挑起事端，而是真心地想谈成事情、解决问题或支配别人，那么首先你要明确自己的立场，要向对方展示热情和友好。这是第一步，也是极为关键的一步。

心理学上有一个“第一印象”效应，简单点说，就是人们给别人留下的初次印象，会一直在对方头脑中占据着重要的位置。作为控场者，你的第一印象如果是“这个人看上去不热情”或是“他一点都不友好”，那么接下来你将很难改变对对方的看法。

琳达给我的第一印象是“冷冰冰”，她是我的学员之一，曾是一名外科大夫。为什么我对她会有这样的印象呢？因为初次见面时，琳达并不愿意给每个人一个微笑。当别人都在有说有笑时，琳达的脸上却没有任何表情，难道她的肌肉冻住了吗？

我注意到，无论是我还是别人，在和她沟通的时候，她只用最简单的话语来回答问题，绝不会多说半个字。我们从她身上感受不到任何热情，甚至有人会觉得，这个人是不是有“自闭症”。这是我对她的第一印象，相信每个人都是这样。

但是随着课程的深入，我发现琳达逐渐吐露出善良和友好的信号，她与别人的话开始多了起来，脸上的微笑也多了起来，并且，她还主动帮助其他学员进行练习，并热情地帮我查找资料。她完全像变了一个人，得到了所有人的喜爱。

“琳达，其实你是一个很热情、友好的人，你注意到这一点了吗？”有一次，我私下鼓励她说。

“是的，教练，其实我很喜欢与别人交往，我相信我能成为一个好的控场者。”琳达笑着说。

“但是我很好奇，为什么你刚来参加训练的时候，看上去总是那么‘不苟言笑’，那并不像真实的你啊！”

“嗯，或许是这样，我可能对熟悉的人比较放得开一点，在陌生的环境和陌生人见面时，我总是会拘谨一些。”琳达解释道。

“我认为那是一种自我保护，你觉得呢？”

琳达想了想说：“我想，是的。或许是因为我总是被同事、病人伤害，所以我现在比较谨慎。”

“哦……”我明白那种感受，一个经常被人际关系折磨的人，她的警惕性会掩盖内心深处的热情和友好。

琳达用了一段时间，改变了我们对她的看法。反过来想，如果她给人的“第一印象”能够是她最优秀的品质，那将会多好？我们就可以从一开始便喜欢上她。

很多时候，我们无法真正地花时间去了解一个人，于是我们总是凭着“第一印象”去判断一个人。很多人会有一种错误的认知，他们觉得只要自己和别人逐渐熟悉起来，别人就会发现他们的优点，并喜欢上他们。可是，为什么不从一开始就展示自己的优点，得到别人的好感呢？

初次见面，如果给人留下不利于你的第一印象，根据我的统计，你一般需花费五至十倍的时间去修正这种印象。问题是，通常情况下，人们不愿意给你足够的时间。想想看，你有一刻钟的面试时间，如果你不能把你的突出优点展示出来，你将会失去一个工作机会。对，你没有机会了！你还浪费了准备这次面试所花费的一切成本，同时对你的自信也是一次或大或小的打击。

作为一个控场者，你给任何人留下的“第一印象”必须足够好，最基本的两点是热情和友好，当然如果你能加上一些真诚、善良，那就更好了。这样做的好处在于，你会让对方在潜意识里觉得，你是一个值得交往的人。是啊，谁不愿意和这样的人说话呢！

你可以用以下方式来给别人留下好印象。

●微笑，真诚的，能够赶走“阿拉斯加严寒”的那种微笑，你应该给予对方。

●友好，在见到对方之前，反复告诉自己“这是我的朋友，我珍惜每一个人”。

●打招呼，“嗨，你好！”“很高兴见到你”，很简单的话，但要把热情写在脸上。

●握手，伸出你的右手，用力适中，目视对方，同时感知对方的气场。

●多说一句，“我喜欢你的西服”“路上还算顺利吗？”“最近忙不忙？”

……

◎共振：构建和谐气场

在美国，长期以来人们的梦想都是成为主宰者。美国的娱乐、商业都是在倡导这种文化，所以85%以上的美国人都不愿意为别人而去改变自己，大多数人都期待获得更大的权力，来支配别人。但是，作为控场者，我们必须让自己为别人而改变。我们必须像变色龙那样转换自己的颜色，这对实现我们的控场目标来讲，是极为重要的。

我相信，在你向别人展示出热情和友好之后，你已经迈出了第一步，你已经不会再带着敌意和冷漠行走于世界。接下来，“变色龙”该上场了！

正如辛纳法·佐宁博士在《交际》一书中写的那样：“当你在社交场合遇到陌生人时，你应在最初几分钟内把注意力集中到他的身上，很多人的生活会因此而改变。”你应该在一开始就关注对方，一方面能让对方感到你的尊重，另一方面你也可以尽快感知对方的气场。

你对话的对象，他的气场是什么颜色？你能够用最快的速度概括吗？我们在前面气场练习的部分已经讲过，你可以用三个词来概括自己和别人的气场，这个方法非常有效。当你找到了准确概括对方的词之后，你就找到了对方的气场，接下来，你可以迅速调整自己，使气场发生改变。

作为控场者，你和对方之间的气场一般会出现以下几种情况。

1. 矛盾的气场

这是很糟糕的情况，这种感觉就像两种不同语言的人走到了一起，互相听不懂对方的语言，最后只能互相摆摆手——再见！

2. 较劲的气场

这是一种复杂的情况，控场的双方都想占据主导位置，结果就会出现这种情况：双方僵持不下，常见的结果是——不欢而散。

3. 主仆的气场

这是一种常见的情况，控场的一方从一开始就占据主动，而被控制的一方基本上气场比较薄弱，遵从对方的指挥，例如老板和下属，多是这种气场。

4. 共振的气场

这是一种非常好的情况，双方形成了一种和谐的氛围，在对话中位置和气场相一致，在观点上也容易达成共识，这样的谈话令双方感到愉快，控场者也更容易完成目标。

在控场的开始，你没有必要一上来就气势汹汹，因为那样会让对方在潜意识里产生反感，而你也不能让自己的气场变得弱小，那样对方会不断增强他的气场，你再想控制对方难度就会加大。所以，最好的情况就是形成共振。

一句话，对方是怎样的人，你就要尽量成为他的那一类人，改变你的气场颜色。

政界要员 A 先生向我走来。从他坚定有力的脚步和略微上扬的嘴角来看，他是一个正处于事业上升期的人，自信、骄傲和权力感正写在他的脸上。我知道，面对这样的人，自己的气场不要凌驾于他之上，但也不要表现得比对方弱小，而要从某些方面让对方对你刮目相看。

企业家 B 先生一脸严肃地坐在我的对面。从他朴实无华的着装和额头上的皱纹可以看出，他白手起家，走过了数不清的困境才走到今天，简约、沧桑和稳重组成了他的气场。我敢打赌，他不会喜欢那些夸大事实的人，所以我要控制自己的语言，不要在谈话中让他觉得我在引导他进行一场“冒险”。

职业经理人C女士衣着鲜艳。她一进门，我就能看到她佩戴的宝石项链，还有她胳膊上挎的名牌小包，她走近时香水的气息扑面而来，还没坐稳就主动和我攀谈。我脑中瞬间定义了她的气场：时尚、热情和虚荣。我知道，如果我看上去呆头呆脑，她一定会感到十分无趣，所以我要让自己“活泼”起来，我一边赞美她的品位，一边在脑子里寻找笑话。

……

改变气场的结果是，你会让对方感觉很舒服，就像找到了知己。如果你能让对方在心里觉得“这一定是我将来最好的朋友（合作者、伙伴）”，让对方从心里产生一种和你“相见恨晚”的感觉，那你就赢了！你们将会开启愉悦的谈话，渐渐的，你可以向对方传输思想，并引导对方做出决定。

你可以做到这一点吗？

◎互动：沟通的渴望

在谈话的过程中，你能否有效地回应对方？

而你所说的话，是否能引起对方的兴致？

不要小看互动的力量，人们最容易忽略的，往往是起决定作用的那一个环节。我经常在餐厅、办公室中看到这样的情景，一个人在滔滔不绝地说自己的事，而坐在他对面的人则假装微笑地倾听，实际上像一个无辜的靶子那样，被对方语言的子弹无情地扫射，那种感觉真让人痛苦啊。

我相信你的身边一定有这样的人，他们的“话匣子”一旦打开，就像被冲垮的大坝，水源源不断地倾泻而出。当他们说完了，自己爽了，你的感受是愉快的吗？

2012 年我曾到伦敦观看过奥运会，我的感受是，最好看的比赛，不一定是技术水平最高的比赛，但一定是竞争最激烈的比赛。那种你来我往的激烈竞争，才是最惊心动魄的。而沟通，就是要这种效果——真正地互动起来。

请记住，大部分时间你并不是去给对方上课，绝大多数情况下，你也不需要像个学生那样，听对方给你讲课。当气场形成共振后，你需要和对方开始一段时间的互动，这种互动能带给彼此互相了解的机会，能够增进彼此的信任度和好感。

你们可以就一个话题先展开交流，然后当话题说得差不多的时候，再转换到另外一个话题。即使中间稍微停顿一两分钟，也没有关系，因为你无须要求话题之间衔接得天衣无缝，你可以用喝咖啡等方式来使其自然地过渡。

不过你的脑子不能停顿，你应该想想还有哪些适合双方的话题，例如，最近的新闻、都认识的朋友、介绍人、同事或老板等，但一定是可以形成互动的话题。

例如约会这件事，如果你和女孩谈论最近上映的电影、新出的唱片，那99%你们可以热烈地聊起来；但如果你和女孩谈论政治、经济的话题，十有八九对方会觉得你十分缺少生活气息。很多岁数偏大的男士就犯了这个错误。

你的话题还可以从对方的兴趣入手，那样也容易形成互动，特别是你和对方都有同样的兴趣。

有一次，我想和一位政府官员谈一笔买卖，他给了一个小时的面谈时间。事实上，前面五十分钟内，我们几乎没有谈任何买卖的细节，倒是畅快淋漓地就高尔夫议论起来，只是因为我进门时发现他的办公桌上摆着一张他挥杆击球的照片。而后十分钟里，我把重点转到了买卖上，并很快帮助他做了决定。

除了语言，还请注意对方的眼神，你要和对方形成眼神上的交流，这也是沟通的一部分。你要能够及时发现对方眼神的变化，而且用你的眼神告诉对方："我很渴望与你交流。"这种感觉非常好。

温蒂第一次见到我的时候，她总是低着头和我对话，我直接问她："温蒂，你很害怕我吗？"

"不是的，教练。"温蒂有些诧异。

"那你很恐惧我吗？"

"没有啊，我觉您是个非常友善的人。"

"那你为什么不愿抬起头，看着我的眼睛说话？"

"我……我觉得自己和您相比……很渺小。"温蒂实话实说了。

"不，你并不渺小！但你给我的感觉是渺小的，如果你能大方地看着我的眼睛和我说话，你就会找到你的'存在感'。你愿意试试吗？从现在开始，看着我的眼睛，敞开你的心扉。"

"好的。"温蒂点了点头，然后开始尝试看着我的眼睛和我聊天。

过了十分钟，我问她："你是否感觉到了，这种眼神上的互动能让你感到更愉快？"

"是的，我感受到了。我有一种畅所欲言的感觉，我不再觉得自己渺小了。"温蒂的眼神中表露出一丝兴奋。

温蒂的转变在于，她看着对方说话时，她的注意力会更集中，心中那种"差异感"会逐渐消失，取而代之的是一种被认可和尊重的"存在感"。

当然，在沟通时，对方所说的一些话、一些观点你并不完全认同，但是你不需要快速地进行反驳，你的眼神也不要向对方传递这种信号，因为你一旦表现出那种据理力争的感觉，你在对方心中树立的好形象很快就会消失。

◎倾听：不可忽视的艺术

当然，还有一种情况是，如果对方的情绪起伏剧烈，或是你们彼此的气场很难形成共振，你可以考虑使用倾听的技巧。

多年前，我的工作重心放在了企业咨询和培训上。有一次，我和我的潜在客户——一家房地产经纪公司的总裁沃恩先生建立了联系，我通过电话介绍了自己的产品和报价，他同意可以一起喝咖啡聊聊。

这是我第一次见到他本人，他看上去高大威猛，一副凶巴巴的样子，看来他不是一个容易“搞定”的人！

见面时，我们握了握手，他握手的动作十分有力，让我感到很不舒服。不过，我还是向他展示了热情和友好，尽管他的表情一直凶巴巴的。我敢打赌，他平日里一定是个喜欢训斥员工的人，他的气场呈现出一种威严、厉害和独裁的氛围。

如果你遇到这种气场的人，不要苛求和他形成共振，因为那样往往最终会转变为较劲的气场。你应该保持你的本色，通过语言的技巧来形成控场。你需要时刻观察他的神情，注意他情绪的变化。

在等咖啡的时候，我看到他一边吸着雪茄一边抬起头扫视餐厅，这个习惯说明了他非常高傲。于是，我试探性地寻找话题："沃恩先生，您的雪茄是什么牌子的，香味非常好！"

"哦？是科伊巴的顶级雪茄，要不要来上一支？"沃恩先生的眼神里闪烁出一丝自豪，伸手拿起一支递给我。

"谢谢您，那我就不客气了！"我向他展示出一种受宠若惊的样子，小心翼翼地接过雪茄，开始享受，"哇，这口感可真是迷人！您一直都抽这种雪茄吗？"

"是的，我也非常喜欢这个味道，不过最早的时候……"沃恩先生的神情变得放松起来，开始非常高兴地向我描述他抽雪茄的经历和品烟的经验，然后又开始向我讲述他的内心深处深感自豪的他的创业史。

而我呢，只是一边享受他的雪茄，一边点头微笑着听他展示自己，时不时表示出一些惊讶和羡慕的表情。当然，我会尽量提一些问题，让他说得更多。

最后，当他情绪非常愉快的时候，我只用了几分钟时间，就实现了我的目的：购买我的咨询和培训服务，费用是50万美元。要知道，沃恩先生连讨价还价都没有！

是的，几分钟时间，我得到了一份50万美元的口头合约，这真的很神奇！

离开咖啡厅时，我还在回想刚才的过程，我并没有说什么啊，是什么让对方如此爽快地就答应了呢？我找到了答案：就是因为我没有说什么，让对方说得尽兴！

对，很长时间里，我一直在倾听，当然，我觉得这是了解对方的一个好方式，还能学到不少东西，所以我并不反感。看得出来，沃恩很享受，这让他放松和愉快。

在你的经历中，你一定也会遇到这样的情况，身边某一位朋友因为一些突发的事件而陷入糟糕的情绪中，他找到你，然后对你开始倾诉，在这个过程中，你并没有多说几句话。最后，你的朋友却对你说：“谢谢你，我感觉好多了！”“我知道我应该怎么做了，放心吧。”“有你这样的朋友真好。”……

其实在他们的潜意识中，他们已经有了答案，你的角色只是让他们把寻找答案的过程说出来，让他们的情绪得到宣泄罢了。

我想沃恩先生也是如此，他既然同意和我喝咖啡，实际上他已经对我的产品和服务有了一定的兴趣，否则按照他的性格和脾气，他绝对不会浪费自己所谓的“宝贵”时间。他需要一个过程来相信我，而倾听则帮我实现了这一点。

事实上，当你和别人出现了观念上的分歧时，你也要去倾听对方，这样做的好处有三个方面。

1. 你会让对方觉得你是真诚的、尊重对方的，这使你容易赢得对方的好感。

2. 你会找到对方的疑虑和恐惧，有效地帮助对方解决问题。

3. 你会发现对方的弱点和漏洞，然后更好地制约住对方。

倾听并不是沉默地在听，你要给予积极的反馈，否则你会让对方觉得自己是在和一根“木头”说话，那种感觉可真无聊，不是吗？

你可以通过下面的话，来让自己暂时扮演一个倾听者的角色：

“我想听听你的意见！”

“你的看法对我很重要！”

“你的建议是？”

“我想知道你的真实想法。”

……

◎引导：进入你的“地盘”

有一次，我在NYPD（纽约警察局）的警察朋友，也是我们控场课程的学员墨菲，遇到了一个情况：一个名叫克莱尔的女孩站在一栋楼的屋顶边上，准备自杀。他接到报警电话后便出发赶往现场，并同时通知其他警员带上充气垫。

到了现场，墨菲用最快的速度爬到了楼顶，他尽量稳住自己的呼吸，然后放慢脚步，在离那个女孩十几米远的地方停了下来。他开始尝试和对方建立友好的沟通。墨菲表现得非常友好，他像个朋友一样站在边上耐心倾听对方。他得知女孩因为情感被欺骗和失业的双重压力，打算离开这个世界。

“为什么每个人都活得比我好！我真的不想再痛苦下去！”女孩有些哽咽地说。

“是的，克莱尔，我非常理解你，我也曾经被爱人抛弃过。”墨菲使用了同理心战术。

“哦，是吗？你骗我，你只不过是想安慰我。”那个叫克莱尔的女孩并没有完全相信他。

“你愿意听听我的故事吗？”墨菲真诚地问克莱尔，看到她点点头，墨菲给她讲了一段他的失恋经历，这能够让克莱尔心里感到一丝平衡。

然后墨菲接着说道：“克莱尔，我当时的心情和你一样糟糕，我也想过离开这个世界，但是我一想到我的好兄弟鲍勃、托尼，还有罗宾逊，我就放弃了这个念头，我舍不得离开我的朋友，他们也一定不愿意我这么做。对了，克莱尔，你有比较要好的朋友吗？”

“我有，杰西卡，我们是一起长大的。”克莱尔回答。

“那你真的愿意杰西卡再也见不到你吗？”墨菲试探性地问她，克莱尔的表情中有一些迟疑，“你愿不愿意给杰西卡打个电话，看看她能否给你点帮助，或者就是聊聊天？”

克莱尔犹豫了一下，然后点了点头。

“好吧，我现在把手机递给你，你打给杰西卡如何？”墨菲拿出手机朝克莱尔比画了一下，然后伸出胳膊拿着手机，匀速地朝着她的方向走了过去，他不想等着克莱尔拒绝这个建议。

当墨菲感到克莱尔伸出手臂就能拿到手机的时候，他停了下来微笑地看着克莱尔，等待她接过手机：“来吧，给杰西卡打个电话，聊上一会儿。”

克莱尔小心翼翼地伸出手去拿手机，当她快要拿到的时候，墨菲迅速松开手机，抓住了克莱尔的手，并把她拉到自己的怀里——克莱尔安全了。

等克莱尔情绪平稳下来之后，墨菲捡起手机递给她："现在你可以打给杰西卡了，请相信我，我没有欺骗你！"

你注意到了吗？墨菲在解救克莱尔的过程中，使用了引导的技巧，他将克莱尔的注意力转移到了朋友身上，缓和了那种极度痛苦的自杀情绪，为帮她脱离危险创造了机会。

我曾在培训课上多次和听众分享这个故事，在我看来，这里有一个简单的原则，请你听好：情绪低落的人渴望得到你的引导，你必须帮助他们实现这个过程，你才是关键性的决定力量。这个过程就是帮助他们寻找答案的过程，我在上一节提到过。

人们在潜意识中并不希望自己被困在一种糟糕的情绪里，但是他们需要一个人的出现，能够通过语言帮他们从那个"孤岛"中解救出来。如果你能扮演这个角色，你甚至可以成为这个人的心灵导师，你的一言一行都能有效地影响他。

你可以用这个原则来帮自己建立良好的人际关系，你身边总有那些情绪不佳的人，你可以"解救"他们吗？如果你那样做了，他们会对你感激不尽。

引导的力量不仅在于此，我们还可以注意到在销售或谈判中，巧妙的引导可以让你占据场面上的主动。你可以通过下面的句型来开始自己的引导。

“其实话说回来，有了效率才有钱，这么说没错吧？”（销售办公软件时）

“越来越多的人开始注重品质，特别是居住环境，相信您也是这样吧？”（销售房子时）

“归根结底，人才决定了企业的发展，我可以这么说吗？”（猎头做公关时）

“既然聊得这么愉快，那我就借这个机会，和您说一下我的想法，您看可以吗？”（卖任何东西时）

……

你一定要自然地引导，这样才不会打破整个谈话的氛围，同时你可以用问话的方式来引导，这样会让对方有一种被询问和尊重的感觉。当对方的注意力被你引导过来后，你就可以主动一些，开始向他传递信息。

◎吸引：浅层次的传递

几个月前，我和热播美剧《绝命毒师》的几位编剧参加了一次文化活动，我们在活动的间隙聊了起来。我很好奇地问："你们这些家伙，是怎样编出这样一部好看的剧集的？"

文斯·吉利甘（编剧兼制片人）微笑着告诉我："这是大家分工合作的结果，我们要保证一点，每5到10分钟就有一个'爆发点'，每一集都要制造悬念。只有这样才能让观众牢牢地坐在沙发上，从头看到尾，否则他们就会换台了！"

"所有的电视剧都是这样编的吗？"

"是的，我们必须绞尽脑汁，'粘住'观众。"另一位编剧如实地回答，"全美90%以上的电视剧集都是这样编出来的，否则我们无法保证稳定的收视率。"

"你的故事必须好看，否则观众就没有兴趣看下去了。"文斯补充道。

我点了点头，如果无法吸引住观众，他们就会转换频道。

其实控场也是这样，你引导对方进入控制范围内之后，接下来，你所表达的内容能否真正吸引住对方呢？如果你不能吸引对方，那你又如何能向对方传输思想呢？

为了找到答案，你应该做这样的一个思考：你的筹码中，有哪些是对方关心的，那就是他们最感兴趣的。

如果你想让下属更卖力地工作，假设你的筹码是下属未来的发展愿景，那么你应该把那幅画面描绘得栩栩如生。你可以这样说："我非常看重你，再过几年老麦克退休的话，我会接手他的位置，我的位置很希望让自己信得过的人来接替。我希望是你。"而不是简单地对对方说："只要你好好工作，就能有加薪升职的机会。"当然，你并没有欺骗他，只是吸引不了他。

如果你想让你的客户购买投资产品，假设你的筹码是收益的话，那么你应该尽量描绘得更具象、更动人："我们的产品预期每年会给客户带来 10% 的收益，如果您投入 10 万美元的话，那一年后您就有 11 万美元，1 万美元足够您和家人在欧洲玩上几个月的；如果您投入 20 万美元的话，那一年后您将有 2 万美元的纯利润，相当于白得了一辆中级轿车！"这么说，比你单说收益很高要好很多。

在你吸引对方的时候，语气要坚定和充满自信，从情绪上要向对方传递积极的信号。我一般会采用两个方式吸引对方，具体采用哪一种，取决于具体的控场环境和对象。

方式 1：描绘愿景

我知道很多人的心里总缺乏一种目标感，以至于他们无法下定决心。这个时候，我会努力为他们描绘出一张蓝图，越清晰越好。这张蓝图一旦植入对方的头脑中，他的情绪和意识都将受到影响，他甚至会主动提出我想引导他的问题！当那种情况出现时，我就知道一切已经在我的掌握中了。

我在前面的案例中使用过这个方式，你能回忆起来吗？

方式 2：展现经历

经历可以吸引人吗？当然！如果你有丰富的、有意思的、能够展现你自己的经历，你完全可以大大方方地讲出来。不过你要记住一点，你不是去炫耀你的过去，而是向对方传递你的品质，在他们的心中建立你的可信度。在你说完你的经历后，如果让对方觉得“这个人可真不简单”，或感同身受，你控场的概率就更高了。

在上一节中，墨菲使用了这个技巧，你能看出来吗？

前一种方式，你向对方展示了未来，而后一种方式，你则向对方展示了过去。在一些场合下，你可以两种方式并行使用，往往会取得更好的效果。

◎暗示：深层次的传递

如果你读过一些潜能开发方面的书籍，你一定知道心理暗示的原理。这是一种潜意识的操纵技巧，例如，当你遇到困难时，你可以反复暗示自己“一定能战胜困难”，通过这种方式改变你的潜意识，从而转移你的注意力，调动积极的情绪，最终，你真的走出了困境。

拳王霍利菲尔德每次在比赛前、训练后、记者提问后，都忘不了说上一句：“I’m the best！（我是最棒的）”这就是一种积极的自我暗示，能够有效地让运动员坚定信念，发挥出自己的最好水平。

在控场系统中，暗示也是一种非常重要的技巧，甚至连我也会惊讶于它的力量。这里的暗示并不是你在心里给予自己的，而是传输到别人潜意识中的一种暗示。

例如，下面这几句话都是一种有效的暗示：

- “过去五年，我做过太多这样的生意了！”

心理暗示：我是一个有丰富经验的人。

- “因为是朋友，我才告诉你。”

心理暗示：我是值得信赖的人。

- “这不是欺骗你，和我合作过的人都赚了钱！”

心理暗示：我是一个能带给你好运气的人。

- “别人都说我是最好的房产经纪人！”

心理暗示：既然找到了我，就不用找别人了。

- “我一直能保持很好的心态，因为我有一个管用的方法！”

心理暗示：我能让你快乐起来。

- “和我合作，很快您就能看到收益！”

心理暗示：迅速见效的收益。

- “我相信您一定能做出正确的决定，这次也不例外！”

心理暗示：听我的就是正确的。

……

你可以在谈话中多次使用这些技巧，但你需要把握一件事，要通过自然的方式表达你的暗示，而不能生硬地将其加入对话中。同时，你的语速可以快一些，语气要自信一点，这样你的暗示才会起到效果。

我得承认，这个技巧我甚至对自己的学员都使用过。我们在控场训练课程上，为了让学员们能够更认真地学习，我总是暗示他们：“伙计们，如果世界上有一种方法能像催眠术一样，让对方听从你的指挥，那就是控场技术。”“我谈成过数十亿美元的生意，也让政界要员终止了新颁布的法案，你们也想像我一样吗，那接下来的内容，你必须认真去琢磨。”……

这种暗示是建立在事实真相的基础上的，只不过我需要把它植入每个学员的潜意识中，所以我并没有欺骗任何人，却向学员们传递了一种信息，它会帮助学员认真地研习控场技术。

你不能通过欺骗的方式来暗示对方，因为首先欺骗会伤害到别人，而随着网络时代的普及，你可能会迅速“臭名远扬”，你的买卖就没法再做下去了。其次，谎言很容易被揭穿，一旦你的谎言被揭穿，你会失去任何再次合作的机会，这个期限是“永远”。

为了使暗示达到最佳的效果，我希望你注意你的“字眼”，“字眼”就像子弹，威力无穷。例如，下面这些字眼：**划算的、成功的、快乐的、有效的、幸福的、值得的**等，其实是对方最关心和注意的“字眼”。当你在使用这些“字眼”时，请加重你的语气，并稍微停顿一下，这样能够将其深深植入对方的潜意识中。

我并没有冒犯任何人的意思，但是我坚定地认为，一个成功的控场者会把对方的大脑当成一张白纸，然后向其传递各种信息，留下各种记号。想象一下，你打开一本书，随便翻看一页，你第一眼看到的是什么？一定是那些被放大的章节标题和加粗的“词句”。而暗示这种深层次的传递，要的就是这种效果！

◎主宰：掌控的魅力

我们的一切原理和技巧，都是为了实现我们的目标，让自己成为控场者并主宰对方。

在本章的前面，我们从展示自己开始，学习了气场的共振，互动和倾听的技巧，我们学会了如何引导对方，也掌握了吸引和暗示的力量。基本上，我们已经实现了自己的大部分目标，现在只剩下那“临门一脚”——让对方听从指挥。

为了实现这个目标，我推荐你使用这两个工具：筹码和压力点。我们在本书的一开始就讲过，这是制约对方的核心元素，能够起到关键的说服作用。现在，我们再深入地学习一下这两个工具，这很有必要。

工具 1：“可交换性的”筹码

你想让对方为你或为他自己做什么事情，可是，你有没有想过，你能给对方什么呢？他们为什么要听你的话，任由你主宰他们的行动？

你的筹码必须吸引人，如果你的筹码具有“可交换性”，就会让对方更容易接受。这种“可交换性”的意义在于，你可以满足对方的一定需求，而不是只让对方单纯地为你改变或做出决策。

这种需求并不是金钱上的。因为用金钱能够解决问题的办法是最简单的办法，但也是最没能力的办法，你的气场上会染上一种铜臭的气息，那是你希望的吗？

举个例子，你想让一套公寓的房东便宜地租给你房子，而这件事本身并不能用钱解决，你是为了省钱。那么，你的筹码是什么？你拿什么和对方交换？以下都是好的筹码，总有一点可以满足对方的需求：

我可以签一份时间比较长的租约，但是我只能先付半年的钱；

我是一个喜欢干净、整洁的人，我每周都会打扫卫生；

我喜欢安静，最大的爱好是看书，所以我不会打扰任何邻居；

我是一名医生，如果您有任何健康的问题，我都愿意帮您解决；

我是个“事少”的人，我感觉您也是这样，所以我们相处起来会非常愉快。

……

是的，无论是租住时间、个人习惯、兴趣爱好、身份职业等，都可以成为你筹码中的一部分，用于说服对方给你一定程度的优惠，这就是一种交换。

如果你没有这些筹码，而想让对方给你打折，除非他非常着急租出手中的房子。

事实上，我的一位学员就用这种方式，从别人那里租了一套“物美价廉”的房子，每个月可以少付给对方200美元，一年下来就是2400美元！而她只用了一分钟时间，就让对方做出了决定。她只是微笑着和对方说：“我在对面街的政府部门工作，如果您遇到了什么问题，想要投诉，都可以找我。即使我没有租您的房子。”

工具2：“增强说服力的”压力点

我们是一个崇尚自由和成功的民族，这种精神根植于每个人的心中，同时，也造成了一个残酷的现实：我们害怕压力。因为压力总是和束缚、失败捆绑在一起，我们惧怕失去自由，也不愿接受失败，所以大多数人都痛恨压力。

当你掌握了这个心理，你一定能够理解压力点的威力。很多时候，压力点可以弥补筹码不足的情况。从原理上来讲，压力点也是一种心理暗示，只不过这是一种让对方感到紧张的暗示，你的目标是让对方产生“不听你的，情况就会糟糕”的潜意识。

你设置的压力点可以来自已经发生的事实，也可以来自对未来的展望。比如，你想让你的朋友戒烟，你可以说你的朋友得了肺癌，然后描述患者及其家人那种痛苦，最后表达你希望他戒掉香烟的希望，这样一来，你说服他的概率就会增大。

再比如你想转让一辆二手车，对方对你的报价比较犹豫。如果你看出他有购买的渴望，你可以对他说：“那这样好了，要不我再问问其他人，要是没人接受我的报价，我再降价给你。我倒是不着急卖出车子。”对方十有八九会做出购买的决定，因为他不想每天等着你的信息，那种滋味并不好受。

使用这个工具时，你要注意一点，你的压力点不能变成一种威胁的感觉，因为威胁会让对方产生极大的抵触情绪。你不光不能掌控对方，反而会激怒对方。

现在，你就可以用控场的技巧，来帮助自己实现掌控对方的目的，来感受它的魔力，那种轻松支配对方的力量。你需要不断地练习和总结，直到使这套技巧成为你潜意识的一部分，你就能成为最有影响力的那个人。我相信你可以做到这一点。

Part 5 控场的“诡计”：气场不够强大时的策略

◎一个现实的问题

我的学员也会问我这样一个问题："如果我们的气场并不强大，我们该如何影响对方呢？"

这是个非常现实的问题，特别是对于一些年轻人来说，往往会遇到这样一种情况：你想要掌控的对象，在身份、地位和位置上都远远高于自己，你从心理上已经输给对方，更别说气场了。

这种感觉就像你是个大学生，而对方是位教授，位置上的悬殊很难让你和对方形成气场上的共振。但是你还必须想点办法，否则对方注意不到你，他会轻视你，你更不可能实现自己控场的目标。

我们首先需要动点心思来解决这个问题："如何才能让对

方注意到我，并对我产生兴趣呢？"

是啊，我们能用什么办法呢？

在回答这个问题之前，我们还是用学生和教授来进行假设。你现在的身份是一名大学生，你想控场的对象是一位知名的大学教授，也是你的任课老师，你的目标是让这位教授帮你写一封求职推荐信，因为你知道这位教授在你想从事的行业里非常有名气。那么首先，现实的问题来了，你该如何引起教授对你的注意？

我用这个假设询问在场的学员，大家进行了热烈的讨论，我们得到了五花八门的答案，下面我选取一些供参考。

- 打扮得夸张一些
- 踊跃举手回答他的问题
- 在课上做一些异常的举动（例如大声唱歌、拍巴掌）
- 在学校的楼道里和他搭讪
- 下课主动向他请教问题
- 送给他礼物
- 请他吃饭
- 申请成为他的助教
- 为他开门或提供其他的一些帮助

……

这些答案都不是很理想，最核心的原因在于，他还是会把你当成一名普通的学生来看，当然如果你举动异常，他还会把你当成精神不正常的学生，那样情况会变得更糟糕。而像请客、送礼这种类似“贿赂”的方式，很容易遭到拒绝。他会在心里想：“你为什么要请我吃饭？你有什么目的吗？我是否要提防你？”

我向学员们介绍了三个法则，我认为是解决这种问题最有效的思路。

法则 1：邻里法则

如果是你的邻居向你提出一些要求，而你也很容易做到，你会拒绝吗？一般情况下你是不会拒绝的，因为你会考虑到这种邻里的关系。所以，这是一个策略。

回到刚才的情景中，如果你能想办法成为教授的邻居，例如，租到他家附近的公寓，然后通过制造一些巧遇的情况，告诉他你既是他的学生也是邻居，相信他会对你产生重视感。“这个人既是我的学生还是我的邻居啊！”他一定会这样想。

但这样做的问题在于，这是一个比较笨且麻烦的方法，你还得花点钱来租房。

法则 2：越界法则

如果你只会向教授请教课上的问题，那么通常情况下，他也只会把你当作一名努力的学生而已，这并不能有效地让对方将你重视起来。但是你可以试着做这样一件事，研究一下这位教授擅长的领域和所获的荣誉，然后找一些专业的问题来请教他，与他探讨。这有点超出一般学生行为的范畴，所以我把这个方式称为“越界法则”。

例如，你可以这样开场：“您好教授，我是麦克，是您的学生，我准备毕业后进入 IT 行业工作，我知道您是这个行业的专家，所以我想请教一下。”然后你就可以向他询问一些高水平的问题，如果教授对你重视起来，他会问一个令你高兴的问题：“你打算去哪家公司工作？”这个时候你就可以往推荐信的方向上引导。

这个法则的本质在于，你向对方展示了一个专业的自己，然后对方也会考虑，如果这个学生将来大有前途，是不是我也能跟着受益呢？

法则 3：光环法则

光环法则可以说是一种非常自然的心理反应。有一次，我的一位学员对我说，他是法官科瑞尔的朋友，这让我立刻对他有所重视。这种感觉很自然，换作你也是如此。你看到的不是对面的这个人，而是他头顶着的光环。

这种光环可以是某种人脉、工作背景、家庭背景、所获荣誉等，这很有效，是一种正面的心理暗示。

回到假设，如果你也能戴上某种光环，你让教授重视你的概率就会提高很多。例如：

“教授您好，我叫麦克，也是您的学生。罗斯教授是我的朋友，他希望我能够认真学习您的课程，但是我有一些问题想请教您……”

“教授您好，我叫麦克，也是您的学生。风速科技的总裁鲍勃是我父亲的朋友，有一次我们聊起了你，他说他和您有过愉快的合作，他说您是一位非常专业的人士……”

光环法则是非常有效的，但关键在于你能否找到那光环呢？你需要下一番功夫！

◎示弱能够减弱对方的气场

这是一个“诡计”，你需要把自己装得“可怜点”，用来博取对方的同情心。我的女儿劳拉在她小时候经常对我使用这个诡计。我印象中有一次，她为了让我给她买最新推出的芭比娃娃玩具，跑到我的面前对我说：“爸爸，我想和你谈件事。”

“哦？”我心想，肯定是有什么事有求于我。

“爸爸，我想买新的芭比娃娃，可以吗？”她眨着眼睛渴求地看着我。

“劳拉，你已经有很多的娃娃了，我觉得你可以过一段时间再买。”我耐心地给她讲道理，“过些日子，肯定会有更好看的芭比娃娃。”

“哦……”劳拉点了点头，然后露出一副十分委屈的神情，“可是，我的娃娃们都希望有新的朋友加入进来，你不是总说要多认识新的小朋友吗？你又不给我买，我已经很久没买新的玩具了……”

说着，劳拉眼圈开始变红，可怜兮兮地站在我面前，这种情况下，我实在无法用父亲的威严来说服她，好吧，我认输了：“那下次再有更好看的芭比娃娃，爸爸就不给买了。”

“好的，谢谢爸爸。”劳拉一下高兴地抱住我。我知道，下一回我一样会被她的“诡计”所打败。可是，谁又能狠心拒绝她呢？

当你向对方示弱并博取同情时，在这个过程中，对方本来具有的强大气场很容易被你所削弱。这是因为，对方一旦产生同情心，他的潜意识里就会产生理解你、帮助你的想法，气场会自动向你的气场靠拢，于是他自身的气场就会减弱。

当你明白了这个原理之后，你可以使用这个“诡计”来帮助自己，特别是当你处于较低的位置时。我曾经听过这样一个案例，你能从中感受一下那种变化。

林奇是一家公司的新员工，在工作开始的几个月时间里，他表现得非常积极，也对自己在公司的发展做出了规划。但是他遇到了一个问题，由于他积极地表现，他遭到了同事的妒忌。

很多次，林奇都能感觉到周围同事那种充满敌意的眼神，甚至在有些合作上，同事的态度都极为不配合，有时甚至故意刁难他。特别是办公室里工作时间最久的霍克，他总是当面讽刺林奇，例如，当林奇拿着文件让他审核时，霍克就会说：“慢点吧，小伙子，你以为在这里升职那么容易啊。”林奇被他说得十分郁闷。

还有一次，林奇刚走到办公室的外面，就听到里面在“开小会”偷偷议论他。

“那个新来的真喜欢表现自己啊！”同事克里夫阴阳怪气地说。

“可不是嘛，每天都最后一个走，弄得我都不好意思早走了。”女员工琼斯补充道。

“算了，小声点吧，万一他是老板介绍进来的呢。”霍克经验丰富，不过他也有很多不满，“真讨厌这样的人，他以为他是空降下来的 CEO 啊。”

“是啊！”……

这些话让林奇感到十分委屈，他并不希望自己和同事的关系那么糟糕。他陷入了沉思，怎样才能改变这样的关系呢？林奇一边低头工作一边想，他必须赢得同事的支持。很快，他做出了行动，他悄悄在内部通信软件上给霍克发了消息过去：“霍克先生，下班后有没有时间喝上一杯？我请客，有些问题想请教您。”

等了一会儿，霍克回了消息：“好吧。”

下班后，林奇和霍克走进了酒吧。霍克一脸严肃地问他：“林奇，你有什么问题？”

“哦，是的，我是有一些问题，我们先要点啤酒，边喝边说，您看可以吗？”林奇很有礼貌地说。

啤酒上来，林奇敬了霍克一杯，两个人开始有一搭无一搭地聊了起来，气氛逐渐变得轻松，霍克脸上的肌肉不再紧绷着了。

觉得时机差不多了，林奇叹了口气，一副郁闷的样子，霍克看到了这一点，便问他：“怎么了？是不是有什么烦心事？”

“是啊，”林奇开始主动示弱，“我能感觉到大家都不是很喜欢我，甚至是厌恶我，霍克先生，我知道我也给你添了很多麻烦……”

“没，没有那样，你多想了。”霍克安慰起林奇来。

“没关系，我知道大家都觉得我过于表现自己，其实你知道吗，我并不是想表现自己，我只不过是特别珍惜这份工作！”林奇真诚地告诉霍克，他来自一个偏僻的小地方，家境清贫，他很想通过自己的努力改变自己和家人的生活，于是他十分卖力地工作。

林奇一边说，霍克一边认真地听，他对林奇的敌意已经消失殆尽，反而更多地对他产生一种同情和理解。当林奇说完自己的经历，霍克拍了拍他的肩膀说：“别着急小伙子，只要努力就有成功的机会。”

“您觉得我真的可以成功吗？”林奇看着霍克的眼睛问。

“当然！”霍克坚定地告诉他，“不过你刚到公司，有很多事得慢慢来，而且公司里有很多重要的人物，你千万不能得罪。”

霍克不仅理解了林奇，还向他讲述了公司里的一些“内部情况”，这让林奇获益匪浅。两个人一直聊到很晚。

在这之后，在办公室里，霍克对林奇的态度发生了翻天覆地的变化，而这种变化也被其他同事发现了，大家形成了一种默契，林奇也不再遭遇同事的不配合了，相反，他得到了支持，从某种意义上讲，他掌控了局面。

你看到，林奇通过主动示弱的方式，影响了霍克这个办公室里最有发言权的人物，从而告别了被动的局面。而这些改变，只是因为一个夜晚的酒吧谈话。

所以，你现在更坚信"谈话的力量"了吧！

◎我可以假装强大吗

还有一个控场的"诡计"，就是假装出强大的气场，不过这是一个高级的技巧，需要你做到两点。

首先是，你要有一定的表演天赋。你看过达斯汀·霍夫曼的表演吗？他是我最崇拜的演员之一。他在《午夜牛郎》《克莱默夫妇》《雨人》《拜见岳父大人》等电影中饰演过性格和气场截然不同的角色，但每一个都是那么精准到位。他的表演从不做作，你在他的身上看不到"表演"的痕迹，你会觉得他就"是"那个人，而不是在"塑造"那个人。

你可以做到这一点吗？如果需要的话，你可以展示出一种需要的气场出来。即使你弄了身成功人士的行头，你能够按照需求，展示出不同的气场吗？你可以分别表现出职业经理人、成功的商人、研究人员、政界要员等不同角色的气场吗？

你可以对着镜子进行练习，试试那种感觉，你的气场有没有发生变化，你的感觉对了没有？

第二个关键点是，你要相信你就是那个“装出来的人物”。因为工作的关系，我经常遇到这样的人，他们拼命向你描述自己的特质，但从他们的气场上却感受不出来这一点，这很难让我相信他们的话。为什么呢？因为他们对自己并不相信。

我不是说他们不行，而是说他们想要你相信的样子，和他们真实的气场是冲突的。例如，一位小公司的创始人曾经希望我能够注资给他们，他向我描述着公司的美好前景，但是在谈话时他的眼神总是在回避我。他的语气也并不轻松和自信，我感觉他底气不足，这样的人无法成为一个公司的领袖。所以我拒绝了他。

这种感觉就像那些二流的演员，他们穿着角色的衣服，却演不出那种感觉来。

这里有一个障碍需要你跨越过去，但很多人都无法跨越这一步，因为这个障碍和你的潜意识是冲突的。比如，为了赢得更好的版税条件，你想在兰登书屋的专业编辑面前，表现出一位虚构类畅销书作家的气场，但实际情况是你所写的小说并没有卖得很理想，那么你应该如何展示出这个气场呢?

你必须让自己相信你就是畅销书作家，你的下一本小说就会卖到几百万册，你会坐在全美各个电台的录音间里接受访谈，你会登上《纽约时报》《华盛顿邮报》，亚马逊的畅销书排行榜，你的名字会和《哈利·波特》的作者 J.K. 罗琳、《暮光之城》的作者斯蒂芬妮·梅尔排在一起，被人们津津乐道，像米高梅、华纳兄弟这样的电影公司会通过你的经纪人购买影视版权。

是的，这些并没有发生，但是你必须在头脑中反复强化这种画面，直到你深深地相信自己就是个畅销书作家，你的气场也会随之发生改变。你才能用你强大的气场去影响对面的那个人，你们才能进入一种平等谈判的场面，而你的控场技巧才会彻底发挥出来。

这种“伪装出来”的强大气场并不是自信那么简单，它比自信更高级，能从根本上改变你的气场颜色。但它很难，因为你的潜意识总是停留在过去和现在，所以你需要克服潜意识的禁锢，才能完成这种转变。

你必须相信未来，你也应该去相信，因为你所做出的所有努力都是基于对未来的期望，无论你想做点什么有用的事，你都想在未来看到做事的成效。只不过，我们把这种相信提前了，更具象了，相信你也会更渴望。

如果你可以做到上面说到的两点，你就可以假装出强大的气场，并且不会被对方所揭穿，但同时，你也没有欺骗任何人，包括你自己。

◎重复会掌控对方的潜意识

在本书的最开始，我们讲到过一个例子，我曾经帮助过一位名叫韦斯特·约翰逊的客户，让他做了一些改变，他的下属变得更“听话”了。在那个过程中，我给了他一个建议，就是让他在布置工作的时候，尽量多地把重点重复出来。

这是一个影响对方的“诡计”，你也可以把它称为“重复的力量”，或是“啰唆的力量”。这是一种经常被人忽视的力量，因为从大多数人的认知上讲，都普遍认为“重复”是一种说话的坏习惯，所以很多人并不喜欢也不留意这种方式。

但实际上，那些重复的词句会深深地印刻在人们的脑中，最常见的就是广告。

我还记得我小的时候，阿莫斯饼干公司使用的广告语，“好饼干，阿莫斯的味道！”一次重复播放五遍，每天早中晚各播放一次，很快，人们嘴上说着这句广告语，然后跑到超市去买这款饼干。

还有百威啤酒，在一段时间内，它的广告语是“What's up（怎么了）!”无论是男是女，是老是少，广告中的每个人都在重复着同样的话——“What's up!”世界各地的人们纷纷模仿着这句广告语，然后到超市买上半打“What's up 啤酒”，钱源源不断地流入了啤酒公司。

百威啤酒广告的成功，让广告公司认识到了一点，就是重复的力量，并且在这种重复中向人们的潜意识里传递一些信息。你一定不会忘记苹果手机的那句广告词：“如果你没有 iPhone（苹果手机），你就真的没有 iPhone！”

这句话本身就是一句“废话”，并出现在一系列的广告中，但它的成功之处在于，用“没有”和“真的没有”来刺激受众的潜意识。没错，这句话本身都是重复的意思，但效果却很好，受众会在潜意识里对自己说：“我为什么不能有一个呢？”“我真的没有，太糟糕了。”……

在广告界，“重复”并不是一件单调可耻的事，而相反，这是一种加深受众印象，操控受众潜意识的重要工具。同样的道理，坐在你对面的那个人——你想掌控的对象，也一样可以被“重复的力量”所影响，千万不要忽略这一点。

汉克是一名大学教授，有一天他突然接到乡下亲戚打来的电话，原来他的外甥安德鲁过几天就要结婚了，希望汉克夫妇能参加他的婚礼。但问题出现了，汉克的妻子凯瑟琳并不想长途跋涉去参加这场婚礼，但汉克却觉得这很有必要。两个人一度为这件事而争吵，都觉得对方很自私，然后陷入了冷战。

这场冷战一直持续了一天一夜，汉克觉得这不是办法，于是到了第二天晚上，汉克改变了自己的态度，临睡前他对凯瑟琳说：“好吧，亲爱的，你对我很重要，我不希望我们这样‘冷战’下去。”

“嗯。”凯瑟琳躺在一边，侧着脸背对着他，小声嘟囔了一句。

“我是希望我的亲戚能看到我们一起出席婚礼，他们也很喜欢你，你在我们每个人的心中都很重要。”汉克真诚地说。

凯瑟琳“哼”了一声。

“我真不是欺骗你，”汉克继续说着，“上次回去到现在，我们已经有两年多没回乡下了。这期间我的姐姐菲比、姨妈温妮打电话时，都很关心你的情况，她们很想念你。你看，你在每个人的心中都很重要啊。”

汉克等了一下，凯瑟琳没说什么，于是汉克又说道："好吧，亲爱的，如果你实在不愿意的话，我尊重你，因为你对我很重要，我不想让你为难。"

汉克把想说的话都说了出来，长出了一口气，他觉得至少两个人不用再冷战了。

但过了几分钟，让他意外的事情发生了，凯瑟琳转过身来，深情地看着汉克说："亲爱的，我在你心里真的那么重要吗？"

汉克点了点头："是的，你比任何人都重要。"

"那我在你的亲戚眼中，也像你说的那样好吗？"

"比我说的还好。"汉克给予了肯定。

"那好吧，我们尽快收拾行李早点出发吧，我也想呼吸一下乡下的新鲜空气。"凯瑟琳做出了决定，然后深深地吻了汉克。

从控场的角度来看，汉克的成功在于他在不知不觉中使用了"重复的力量"，他向凯瑟琳不断传递"她很重要"的信息，而这恰恰是最能打动一个女人的语言，也能让凯瑟琳在潜意识中觉得汉克真的十分在乎自己，于是，她改变了决定。

◎两个方法抓住“软肋”

生活中，我们经常会遇到汉克这样的情况，你想掌控的对象因为观点和习惯的不同，和你产生了各种各样的分歧，很多人对此束手无策。例如，在你的人脉网络中，离你这个中心最近的，你的亲人、朋友，你在职场上的同事、老板，这些人和你意见不一致的情况时有发生。

但是你不想和他们发生争吵，你的态度也不能过于强硬，因为你清楚，这些都是你人脉网络中最重要的角色，你不希望和他们的关系破裂。我的一位学员，在学习控场课程之前，曾经因为一点小事和父母大吵一架，导致很长一段时间他和父母互不见面，但这种感受对于谁都不好，甚至可以说是一种情感上的互相伤害。

在观点和意见不一致的情况下，既不影响关系，又能说服别人，我们应该怎么做？想一想，我所说的这些重要的人脉，你几乎天天都会遇到的人，你至少应该相信一点，你能从他们的身上找到"软肋"，这种"软肋"就是突破口。

一般来说，你可以从以下两个方面来寻找"软肋"，一定可以找到。

1. 满足心理需求

每个人的心理都会有各种需求，特别是"被尊重"和"被赞美"的需求，这一点在很多人的身上都特别明显。尊重可以让对方产生一种存在感，例如上面我们讲的汉克的例子，他不断用"你很重要"来强化妻子"被尊重"的感觉，虽然这并不是他事先计划好的，却产生了他想要的效果。

关于赞美，世界上第一位年薪超过百万美元的"职员"查尔斯·斯科尔特先生曾说："我曾在世界各地见到过许多大人物，但是，至今我还没有发现任何人——无论他多么伟大，地位多么崇高——在被批评的情况下，会比在被赞许的情况下工作成绩更佳、更卖力。"他是美国钢铁公司的第一任总裁，也是安德鲁·卡内基先生颇为满意的合作伙伴。

你可以用赞美的方式来帮助自己实现掌控身边的人的目的，这里有几个原则，请你记好。

★原则1：经常性地给予赞美

不要等到你有事要拜托别人、有问题需要说服别人的时候再给予其赞美。你应该经常性地赞美对方，这样会在对方心里留下较深的印象——“这个人喜欢我”“这个人能发现我的优点”……

★原则2：越具体、越自然越好

有一次，我去家旁边的咖啡馆吃早餐，我随意地对服务生玛丽说：“玛丽，你今天煮的咖啡味道棒极了，比星巴克的好上很多倍！”她开心地笑了，然后整个早上，她都热情地溜达来溜达去为我续咖啡，弄得我真有点“受宠若惊”。一句赞美，对方心里的世界立刻变了颜色。

★原则3：发现对方的渴望

为了让你的赞美像“爱国者导弹”那样准确无误，你应该及时发现对方的渴望。例如，当你的女朋友换了新衣服、新发型，她看着你的眼睛的时候，你能从她的眼神中读到那种渴望吗？当你的老板换了新房子、新汽车，他和你津津有味地谈论时，你能给予他渴望得到的赞美吗？一个原则是，别人向你展示自己新的变化或是他们就自身某一事物滔滔不绝向你诉说时，往往是他们渴望你给予赞美的时候。你只需赞美他们就好了，那样双方都受益！

★原则4：要真诚不要过度

真诚的赞美是一种欣赏，你要从眼神中给予对方一种肯定和羡慕的信息，而不是妒忌。同时你要记住，不要过于频繁地赞美，那样只会给人一种油嘴滑舌的感觉，对方会觉得你的目的性很强，或是你这个人有点假。

2. 投其所好

只要对方有正常的人格，就会有自己的兴趣爱好，只要仔细观察，用心留意，你一定可以找到他的爱好。

如果他喜欢品酒，你可以在和他谈事的时候带上一瓶价格不菲的法国红酒；如果他喜欢旅游，你可以买一本精装版的旅游指南送给他；如果他喜欢体育比赛，你可以看看最近有没有 NBA、F1、职棒联赛的门票送给他……

无论怎样，你都需要花点心思花点钱。这样做的好处就是投其所好，一方面让对方感到开心，另一方面让对方在潜意识中感到亏欠你，他会怎么补偿你呢？如果可以，会尽量满足你提出的要求和建议！但如果你送给对方的东西不是对方感兴趣的，不能让对方高兴起来，那效果就会大打折扣。

这是两种非常简单实用的技巧，你可以马上就试着使用一下，很快你就能体会到融洽的人际关系所带来的快乐了！

◎使用“情感战术”

有一天，我的朋友爱丽丝路过我的办公室，也没打招呼，便一脸阳光地推门进来。

“爱丽丝，你刚中了乐透大奖吗？”我注意到了她的情绪。

“没有啊。”爱丽丝坐在我对面，抿着嘴笑。

“哦，看你的样子，好像刚中了大奖似的，你的气场都发生变化了。”

“有吗？”爱丽丝惊讶地说：“你的眼睛可真‘毒’啊，我没中大奖，不过被提了职务，成了公司的财务总监。”

“恭喜你！”是的，我由衷地替她高兴，“你是怎么做到的？”

“我啊，努力工作，哈哈。”爱丽丝笑着说。

我给她倒了杯咖啡：“你们的老板肖恩先生可不是大方的人，说说吧，你是怎样说服他的。”

我非常了解爱丽丝的雇主肖恩先生的特点，他是典型的有点小气的企业主，凡事都喜欢用自己的亲戚，财务总监一直是他的妻子在担任，运营总监则是他的小舅子，据说连公司开车的人都是肖恩的远房亲戚。这样的人怎么会把重要的职位留给非亲非故的爱丽丝呢？我确实很好奇这件事。

“其实他并不难搞定。”爱丽丝喝了口咖啡说，“上个月我的上司——肖恩的妻子梅丽尔生了场大病，不能再继续工作了，别人告诉我肖恩先生打算从外面招聘新的财务总监。我想了想，这是个机会，我一直在公司当会计，我工作了十几个年头。”

“是的，我知道。”

“我想了想，从专业技能上讲，自己只是一个普普通通的会计，也不是肖恩先生的亲戚。但我也有自己的优势，我是公司最老的员工了，可以说从公司成立开始我就在那里工作了。”

我点点头，我最初认识爱丽丝的时候，她就在肖恩手底下做会计。

“有一天，我就主动去敲肖恩先生的门，他让我进去了。我看到他桌子上放着一摞简历，我知道他确实在招聘新的财务总监。于是我就鼓足勇气对他说：‘肖恩先生，如果您能给我个机会，我相信自己能够把财务总监的工作做得和梅丽尔一样好！’我的话让他十分惊讶，他没想到我上来就提这个要求，他愣在那儿不知道说什么好。”

“哦？然后呢？”我很有兴趣地听下去。

“然后，我觉得我应该主动一些，我对肖恩先生说：‘我知道我之前并没有做过这个职位，但是十几年来我一直跟随梅丽尔，我十分熟悉工作的内容，而且，我一直是公司的会计，十几年来，我没出过错，我比任何人都了解公司的财务状况。’我在说这些话的时候，注视着他的神情，我相信我打动了他，但是他还是有点犹豫，他对我说：‘爱丽丝，给我一点时间考虑一下好吗？’当他说这句话的时候，我看到他的眼神瞟了一眼桌子上的简历。你猜我当时想到了什么？”爱丽丝问我。

“他有感兴趣的应聘者。”我十分肯定地回答。

“是的，我也是这么认为。于是，我赶紧对他说：‘肖恩先生，和您说句实话，我从大学毕业就一直在您和梅丽尔的手下工作，十几年来我一直没有想过换工作。我甚至经常这样想，我应该一直在这里工作到退休，这是我的家，我职业人生的归宿在这里，我热爱这家公司。’当我说完这些话时，我感觉我的眼眶有些湿润，是的，我真的是这么想的。肖恩先生也看出了这一点，他微微颤抖地对我说：‘谢谢你，爱丽丝，我也把你当成自己的亲人，梅丽尔也是。我会认真考虑你的，请你相信我。’我点点头说好的，然后就离开了办公室。”

“哦，真是一幅感人的画面。”我被爱丽丝描绘出的情景所触动。

“是啊，没想到的是，第二天下午，肖恩先生把我叫到办公室然后问我，愿不愿意下班后去他家和梅丽尔一起吃晚饭，一起说说工作的事。同时，他告诉我，他决定让我担任财务总监了！我当时差点哭了出来。”说到这里，爱丽丝眼眶湿润了。

我感同身受地点了点头：“再一次恭喜你，爱丽丝。”

人是情感动物，即使再冷漠的人，也有被触动的时候，关键是你能否找到那个点。就像爱丽丝，她找到了那个点，用情感作为公关的手段，获得了提升的机会。

当你希望别人为你做一些事情，但你的筹码、气场都不足以支撑你时，你可以想一想，自己和对方有哪些情感上的联系，你可以放大这种情感联系，让它在对方的心里产生重大的影响。

这种情感联系包含：亲情、友情、爱情等等，像爱丽丝，她把雇用关系变成了一种亲情，这种有效的转换和放大，能够产生强有力的说服力。当然，前提在于，她确实在公司里工作了很长时间，并表现出色。

所以，如果想用好“情感战术”，你一定得有一些事实基础在里面，然后才能实现这种转换或放大，否则别人无法相信你。

◎有效说服的几句话

你一定听说过这个理论：亚马孙热带雨林的蝴蝶扇动一下翅膀，会造成一连串的连锁反应，其结果是两周后得克萨斯州发生了龙卷风。这就是蝴蝶效应。有的时候，你的一两句话往往能起到这种效果，这很神奇，所以你千万不要小看说话的“蝴蝶效应”。

我在多年的工作和教学过程中，发现有这样几句话，能对对方产生强大的说服作用，或许有人听说过，但我敢打赌，大多数人并没有真正熟练掌握过。

1.“这件事只有你能做到！”

这句话非常管用，它能在对方心里掀起不小的波澜。为什么我敢这么说呢，这是因为当你真诚地对对方说出这句话时，你会让对方产生这样的潜意识：“我是唯一能做到的。”“他把希望寄托在我的身上。”“我很厉害。”“非我不行。”……这种潜意识会驱动对方按照你希望的方式行动，当然，如果你能再有一些好的筹码，效果会更棒！

你可以反复做这个练习，熟悉这个小“诡计”：

“完成这个任务，只有你能做到！”

“拿到竞争对手的资料，只有你能办到！”

“把库存销售出去，只有你能做到！”

“让客户取消起诉，只有你能做到！”

“让她打消和我分手的念头，只有你能说动她！”

“让他参加这个活动，只有你能邀请到他！”

……

你要重点强调“只有你能”，这是最关键的，你要满怀一种期待，并且真诚地告诉对方。如果他嘴上说“我不行”，你可以说：“你就是缺乏一点自信。”“你不行就没人行啦。”“你看我难得找你办件事。”……

2.“这件事你做不到吗？”

如果你确定想让对方做的事他能做到的话，那么这句话也很管用。它能让对方产生这样的潜意识：“你居然认为我做不到。”“我想想我怎样才能做到。”“你不要小看我。”“让你看看我的厉害。”……

这是一种反向的心理刺激战术，能够让对方产生一种“想证明给你看”的潜意识，他并不会生你的气，但是他会给自己一定的压力。你可以把上一条的练习内容，用这个句型进行替换，找找那种刺激的感觉。

如果对方回答你说："我做不到。"那么，你可以进一步询问他做不到的原因，看看能否帮他打消顾虑。

3. "……和我都相信你一定能做到！"

这句话比"我相信你一定能做到"效果好上很多倍，这是因为你在说这句话的同时向对方传递了一种信号，就是"大家都看好你"。你会让对方感到他并不是单纯只为你去做某些事情，而是为了两个人或一群人去实现目标。因为被越多的人所认可，人的自信心会越强，这种感觉非常美妙。

你要拉进来一个有说服力的、重要的人物或团队，这样效果会更棒，并且要把他们放在你的前面。你可以照着下面的话进行练习，找找那种感觉：

"索菲亚老师和我都相信你能被哈佛大学录取！"

"所有的同事和我都相信你能为团队夺回奖杯！"

"劳伦斯先生和我都相信你能走出这个困境！"

"海伦医生和我都相信你可以戒掉抽烟的习惯！"

……

4. "我是为了你好！"

当你想要别人做一些事情时，请你不要忘记加上这些话：

“我是为了你好”“我是为了你的健康好”“我是为了你的事业着想”“我是为了你的婚姻着想”……这些话很自然地表露出一个信息，就是你是站在对方的立场上说话，所以你希望对方所采取的行动都是从他的利益出发。而同时，你还能在对方的心里树立起好的形象。当然，你要给予对方一定的理由，否则这些话可信度就会大打折扣。

◎及时叫“暂停”

我的经验告诉我，即使你熟练掌握控场的技巧和心理“诡计”，在一些场合中，你还是可能会面临一种情况，就是你控场的目标——你想说服的对象——无法一次“搞定”。我曾经帮助一家公司去谈并购的事，那是我最漫长的一次谈判。我将其分成几个阶段，用了一年时间才谈好这件事。在那期间，我反复使用一个技巧，最终帮我的客户和对方达成了协议，我的努力也没白费！

这个技巧就是“暂停”，在本书的开始我提到过这个技巧，并把它列入“控场‘诡计’”这一部分之中，因为它确实是个策略。当你面临沟通的双方陷入僵持的状况时，你可以叫个“暂停”，这没有什么，只需要你有点耐心。

有一次，我带着侄女菲奥娜去买车，一个多小时里，我一直听一位名叫梅西的年轻销售员滔滔不绝地介绍。我并没有表现出一点反感，而是一边耐心地听他说，一边向他透露这样的信息：“我的朋友斯蒂夫也想换辆车，我觉得如果菲奥娜开着不错的话，我也想让斯蒂夫买这款车。菲奥娜，你不介意和斯蒂夫开同样一款车吧？”

“当然不。”菲奥娜笑着说。

“哦！这绝对是一款超值的汽车，我也有一些客户订了不只一辆……”从销售员梅西的眼神和表情中，我看出他有点兴奋，估计他在想着我能帮他介绍客户。我开始在心里计划使用一些技巧让他给我们优惠。或许我可以说让他给我们优惠 2000 美元，然后他会装作很为难的样子，最后给我们优惠 1000 美元，那样也不错！

我正在心中盘算着，但没想到这个时候菲奥娜有点迫不及待了：“我也觉得这款车很不错！”这让我们的场面发生了变化，梅西抓住了这一点，他赶紧说：“美女，你的眼光真是不错，很多年轻漂亮的女孩都选择这款车。你看它优美的曲线，我要是有钱都想给自己的女朋友买一辆，她一定会爱死我……”

但是我并不希望按照销售员所讲的价格购买，因为那样我根本没必要浪费一个多小时听他讲这讲那。于是，我打断了销售员对菲奥娜的推销：“小伙子，如果你能再便宜2000美元，我现在就给你写支票！”

他想都没想，直接拒绝了我：“先生，十分抱歉，我和您说的已经是底价了。您不觉得这位女士非常喜欢这辆车，而这辆车也能配得上她时尚的气质吗？还不赶紧买下来，让她开出去兜兜风。”

我的天，这真是个厉害的销售员，他一方面在对菲奥娜使用赞美的技巧，一方面在变相地给我压力！我心想，虽然我能接受这个价格，但是对于一个控场教练来说，我有必要战胜这个对手。“好吧，梅西，我也很喜欢这辆车，但是它的价格实在是有点高。我知道让你降价很为难，我想我们再等等吧，等它降价。菲奥娜，你可以再等等吗？”

说完我向菲奥娜使了个眼色，她倒是很配合我：“好吧，我们再等等。”

“可是，我可不能保证过些日子能降价！现在汽车厂的成本在往上涨呢，你们还是尽快做决定比较好。”梅西一脸不悦地说。

“我非常理解，但是我们的预算有限，也不想贷款买车，所以我们愿意再等一等。”我一边说一边拿出记事本撕了一页纸，写上我的电话，递给他。

“那好吧，您有我的名片，要是改变主意了可以随时打电话给我。”梅西勉强露出微笑。

是的，我使用了“暂停”，因为在刚才的那种情况下，我们已经很难让对方按照我的意图做出决定了。

等了几天，梅西并没有给我打电话，于是我给他打了电话：“梅西你好，我想问问我们几天前看上的那款车降价了没有？”

梅西听出了我的声音，他在电话那边说：“不好意思，还没有降价，就算要降价也没有那么快啊。”

“好的，谢谢你，如果降价了请第一时间通知我。”我打这个电话的目的并不在于让他给我马上降价，而是向他传递一个信息，我们确实有诚意买车，但价格是最关键的问题。既然他并没有想降价的意思，那我就继续使用暂停。

又过了一周，我打电话给梅西：“梅西你好，我想知道我们一周多前看上的车降价了没？我担心你忘了通知我。”

“先生，不好意思，还没有降价。你们真的不能接受现在的价格吗？”梅西的问话是一个好兆头，表示他希望做成这笔买卖。

“我觉得还是超出了我的预算，你愿意帮我问问你的主管，看看像我这样有诚意的顾客能不能优惠2000美元。其实，我和菲奥娜都相信你能办到！谢谢，我等你的消息。”

“呵呵，您真会说话。”

过了几个小时，梅西给我打来电话：“是这样，先生，我努力向主管说明了情况，也跟他说您是一位非常有诚意的顾客，但您的预算有限。主管说他无法给您优惠2000美元，最多只能优惠1000美元，这是公司的上限了，而且您必须这周就得付全款。”

“好吧，不过至少便宜了1000美元。我们这周会去提车的！”我知道多半是他自己做的降价决定，因为每个销售员都有自己的底价，而销售业绩是他们最关心的一点。

不管怎样，我第一时间打电话给菲奥娜，她兴奋地说：“太好了！我们明天就去提车，可以吗？”

“当然！”

这个经历也让菲奥娜增长了经验：不要过于表现自己的情绪和喜好，这很容易被人抓住并利用，并且，做什么事情都应该多一点耐心。

你要记住：当你无法一次性说服别人时就来两次，两次不行就三次，你可以多次使用“暂停”战术，这只需要你多点耐心，多花点时间而已。我坚信的一点是，多花点时间完成控场的目标，总比一无所获要强得多！

Part 6 控场与职场：提高职场地位的通路

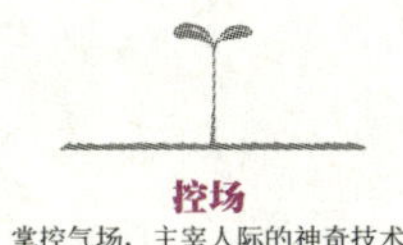

◎让你的角色高于职位

你想提高自己的职场地位吗?

你想让自己走上升职的快速路吗?

你会说，谁不想啊?

那我教你一个办法，也是我向我的学员反复提到的一个方式，它非常简单且有效，就是让你的形象高于你现在的职位应有的形象，扩大你气场的影响力。

我在气场那部分提到过这个方法，你一定还有印象，现在我们再来强化一下。我的学员中有不少人用这个方法取得了成功，很多人在一年之内职位升了不止一级！例如，米切尔，他成功地进入了老板的视野，并一下成了公司的“红人”，他是怎么做到的呢?

米切尔·库萨克在亚特兰大的一家化学工业公司工作，是一名技术员工，每天，米切尔都穿着一身休闲服，到了办公室换上工作服，然后就闷头工作。

他幻想自己能够被提升，但一直这样工作了五年，除了薪水有所增长以外，他的事业并没有任何起色。快要步入三十岁前，米切尔认真思考了一下，觉得自己在沟通上存在很大的问题，每次开会时都不太敢发言，甚至有时候，他在公司一天都不说几句话。他觉得自己有必要在说话能力上面提高一下，所以报名参加了我们的培训。

从我和米切尔的沟通，以及他在训练课上的表现来看，我认为米切尔的心智和思想都非常出色，他具备成为一名主管的素质，但是他始终展示不出来那种气场。他是自信心出了问题！

为了改变他的情况，我们做了这样一个练习：让其他学员“扮演”员工，米切尔“扮演”主管，然后进行团队建设的模拟练习。我还建议米切尔换一身高档的西装，并尽可能地和每个“员工”进行充分的沟通。

他做得很好！他像一个真正的主管那样为团队制订了目标，并安排了每个人的工作，还耐心地激励每个“员工”：

“玛丽，你是不是应该再加把劲？牢记我们的目标！”

“遵命，‘主管’先生。”玛丽回答道。

“尼克，你做得不错，我和大家都相信你能创造奇迹！”

“当然，我不会让大家失望的！”尼克拍了拍胸脯。

在规定的时间里，米切尔带领团队完成了目标练习，这让他感觉非常好，“员工”们也非常佩服他。他相信自己能够胜任有更高要求的任务。

“我是不是要主动和老板谈谈？”米切尔向我讨教经验。

“不，首先你还没有让领导看到你的新面貌，另外你要等待时机，现在不一定有合适的职位空缺出来。你说呢，米切尔？”

“我听你的，教练！”

“你不需要听我的，或是任何人的，你只需要听从你自己，采纳你认为对的建议，更好地展现自己。”我拍了拍他的肩膀，“别着急，小伙子。”

米切尔回到公司后，每天都把自己的汽车擦得十分干净，穿着一身价格不菲的高级西装，当然，到了公司他会换上研究员必须穿的制服。他不再封闭自己，他主动和办公室的同事、公司里其他部门的人打招呼，他的气场发生了翻天覆地的变化，他找到了那种人际关系中的乐趣。

很快，米切尔和公司上上下下的人都混熟了，还结交了很多以前不认识的同事，以至于有人对他说：“米切尔，你真是个有意思的人，奇怪，你说你来公司五年了，我怎么从来没有注意到你？”

这些变化让米切尔的自信心有了显著增强，他积极地在公司的会议上发言，这些举动不断引起老板的注意。几个月后，公司准备成立新的研发中心，负责人就是米切尔！

他在第一时间打电话告诉了我，我笑着告诉他：“你的好运气还远没有到头，只是刚刚开始！”

请你记住这一点：当一个人的气场发生改变时，当他看上去更有影响力时，他的好运气就会自然而然地到来。特别是在工作中，很多时候技术、知识只是你能胜任某一份工作的基础条件，更重要的是，你的气场要让你所在职场中的所有人认为，你能胜任更高的职位，承担更大的责任。当你让别人产生这样的想法时，你的机会就来了！

◎成为团队中的领袖

从控场理论的角度来看，团队由不同气场的人组成在一起，每个人都有自己独特的气场颜色。每当我进入一家企业，我都能在最短的时间内，发现团队中的领袖。这是因为，真正的领袖的气场是独一无二的，他的气场颜色也是醒目和充满光芒的。没错，这种气场一目了然，能在诸多不同气场的包围下独树一帜！

那么，一个真正的团队领袖的气场是什么样的呢？我总结了以下三点核心元素，你具备其中的哪一项呢？

元素1：充满责任感

一个真正的领袖，无论他是否具有更高级别的职位，他的心中都是充满责任感的。这种责任感或许是与生俱来的，也或许是后天养成的，这并不重要。重要的是，他是否以团队和企业的成败作为自己的责任。

很多人都把自己定位成一名团队成员，注重合作共赢，这一点很好，但是这远远不是领袖的特质。如果你只是想在团队中、企业里有一席之地，那么你的定位必须肩负起团队和企业的命运，这一点非常重要。

做到这一点并不难，你只需花上几分钟，问自己这些问题：

1. 我是否在帮助团队走向成功？

2. 我的企业需要我做哪方面的努力？

3. 我的团队是否具有竞争性，还有哪些不足之处？

4. 我所在的团队和企业最近一个季度和一年的目标分别是什么？

5. 我需要做哪些改进，才能帮助团队和企业达成目标？

把你的答案写出来，随着时间的推移，不断翻看和改进这些答案。当你那样去做了，你的气场颜色就会发生变化。

元素 2：更有主见性

你会甘心听从一个毫无想法的人吗？显然不会。所以你若想让别人听从你，你必须有主见。并且，这种主见是真正能说服别人，并对团队有益的。

你的看法、建议必须是正确的、有建设性的，否则人们相信了你，却发现你提出了错误的看法，人们不会再相信你第二次。所以你需要认真审视自己的想法，从企业和市场的环境全面考虑，不要过早下定论。

我知道有一些人，他们天生就是思想灵活的人，总有各种各样的点子出现，但这样的人却不一定能成为领袖，这是因为他们想得快说得也快，会让人产生一种很不稳定、不值得相信的感觉。

同时，你还需要用你的语言去打动团队中的每一个人，甚至包括你的上司。你可以使用第四部分中的控场技巧，相信你可以轻松做到这一点。

元素3：做得更出色

想象一下你是一个陆军小分队的连长，你想率领士兵冲锋陷阵，摆在你面前的有两个选择："给我冲"和"跟我冲"！想象一下，当你说出这两句看上去不同的话时，哪一个更能让士兵为你冲锋陷阵呢？

"给我冲"是一种命令的口气，你在使用你的权力，你的士兵会觉得："为什么让我们冲呢？让我们先去挨子弹吗？"这种想法会让士兵们觉得，你并不在乎他们的生命，只在乎你的权力。

"跟我冲"是一种领导的口气，当你说出这句话时，你的身体已经开始往前奔跑了，你的士兵会觉得什么呢？他们什么都不会觉得，他们会跟在你的后面向前冲刺，甚至有的人愿意为了你跑得更快，冲到最前面、最危险的位置上。

所以，想成为一个真正的领袖，必须身先士卒，做得比任何人都出色，这样你才有发言权！

当具备了以上三点元素之后，恭喜你，你会成为团队中的领袖，你的同事、下属都将听从你的指挥，没人能够抢占你的位置。你无论是不是团队中职位最高的人，都会是团队的核心，这对你的事业有很大的帮助。更好的一点在于，未来你还很有可能成为一家企业的领袖呢！

◎掌控好发言的步骤

伊恩对工作很有自己的看法，也希望能够在同事面前“表现”自己，但是他总是喜欢滔滔不绝地讲述他的想法，这让同事和上司都很头疼，因为每个人听伊恩讲话的时候都在想：“这个人到底在说什么？”

我相信在你的生活中，一定也有这样的人，他们说话毫无重点，只是一直在说。这种表达习惯的根源在于，很多人都想让自己成为被关注的对象！同时，出于礼貌等原因，人们也不愿随意打断这些人，以至于会给这类人造成一种假象：“看，他们都喜欢听我说话。”

当然，我也不推荐你成为一个“惜字如金”的人，那种感觉也非常不好。想想看，当你的同事都在努力地争取多表达一些时，而你却选择了尽量少去发言，那样做只会让你给人一种缺乏见解的感觉，你的日子更不好过。

现在，我会告诉你一套正确的表达方法，请你按照我的步骤进行练习。

Step1 引起注意

你可以用洪亮的声音向大家说：“各位！希望大家听一下我的建议/方案/看法！”你要引起所有人的注意，最好能让那些正在小声说话的人停止说话，让大家的眼睛“齐刷刷”地看着你，期待你继续发言。

如果是按照位置顺序发言的情况，轮到你时，你可以这样说：“各位，刚才大家所说的都很棒，真的！不过我有一点自己的建议/方案/看法！”当你这样说时，你既表现出了你的谦虚，同时也能让别人注意你的发言。

Step2 给出观点

“我认为，如果我们能……我们就可以……”或是“我认为，为了实现……的目标，我们可以……”，你的观点必须是明确的，要包含具体的建议、策略和目标，当然别忘了用“我们”这个字眼。例如：

“我认为，如果我们能把产品的外观改用金属材质（建议），我们就能赢得更多的市场份额，我想会增长至少1%（目标）。”

“我认为，为了实现我们部门上半年的销售任务（目标），我们可以把每个人负责的区域划分得更细（策略），这样大家行动起来目标性会更强。”

Step3 搬出“证据”

当你陈述完观点之后，请你稍微停顿一下，不用着急地往下进行，节奏很重要。你可以稍微观察一下大家的反应，然后再开始逐步搬出你的“证据”。为了更好地说服别人，你可以考虑以下方式中的一种或几种，同时请注重你说话的逻辑性。

1. 一份逻辑清晰，看上去干净整洁的 PPT。

2. 至少一个具有说服力的正面的例子。

3. 一个可以引起注意的失败的例子。

4. 一些关键性的市场数据。

5. 竞争对手的准确动向。

……

在进入这个步骤时，你可以把自己想象成一名律师，而你的同事、上司则是陪审团。想想看，如果你没有足够的“证据”，你又如何说服陪审团呢！但是专业的律师告诉我，他们不会滔滔不绝地进行陈述，因为那样做并不能给法庭上的任何人带来好感。越是专业的律师，越会努力准备更多的“证据”，而不是就一个“证据”翻来覆去地讲。

我建议你把这个步骤的时间尽量控制在 5~10 分钟，这是因为，如果你说的时间太短，你给别人留下印象的时间也会同样短暂，如果时间太长，则很容易让别人感到疲惫。同时你不应该语速太快，因为那样会给人造成压迫感。

Step4 “结案陈词”

在你陈述完自己的“证据”后，请你等待一下，看大家的反应，如果没有人提出异议，那你可以用 1~3 分钟的时间进行“结案陈词”。你的音量要适当提高，并且保持肯定的语气，因为你已经用“证据”去说服所有的人了，你底气十足，现在只需要重复自己在一开始就摆出的观点。是的，使用重复的力量。

当然，你还可以加上一点“愿景”，给所有的人描绘出一点成功的画面，这样会让你的建议、观点或计划更有吸引力。当然，你不要说得过于夸张。

这四个步骤看上去十分简单，但是掌握好节奏却并不容易，同时你还需要做很充足的准备，但是我相信如果你做到了这一点，你会成为团队里最有“发言权”的那个人！

◎形成共振是关键

在本书的前面，我们讲过，两个人在相处时容易形成四种常见的气场关系：矛盾的、较劲的、主仆的和共振的。在职场中也是这样，我们常看到在办公室里，同事之间多会出现矛盾的、较劲的气场，而在上下级关系中，多会出现主仆的气场。

不管怎样，矛盾和较劲的气场会导致同事之间的冲突，不利于你掌控对方；而如果在上下级关系中，如果你处于下属的位置，主仆的气场会让你被对方所牵制，你很难对你的上司形成影响。所以，在职场中，我们一样强调你要和身边的人形成共振的气场。

马修在进入控场的训练之前，并不懂得共振的重要性。而相反，他是个直言不讳的人，想到什么就说什么，他曾为自己的这个特点而感到自豪。但实际情况是，他不仅和同事容易发生气场上的冲突，他的上司也都不喜欢他。

马修曾对我们说过，有一次，他和他的同事为了一点小事吵了起来，因为他上来就直言不讳地指出同事亨特在工作中的错误，他的本意是希望能够帮助亨特意识到自己的问题，但他的方式却让亨特觉得对方在侮辱自己。

两个人发生了摩擦并争吵了起来，这个事后来闹到了主管凯特那里。凯特明知道马修说的是对的，却站在了亨特的那边，批评马修不负责任的言辞，这让马修十分委屈。

“难道职场上都不能说实话吗？”马修抱怨道。

“不，当然要说实话，但重要的是，你用什么样的方式去说。”我纠正马修的错误，“你说实话的目的是什么？如果只是为了说，那实话的意义并不重要。如果是为了让别人按照你的想法产生行动，或是提升你在职场中的影响力，你一定要学会聪明地说出实话。”

很多时候，当你心直口快地去说别人的问题或指挥别人去做某事时，会在几个方面出现负面的作用：首先，你会让对方产生一种“不被尊重”的感觉，特别是和你地位相当的人；其次，你会给在场的所有人造成一种你很骄傲的感觉，这样会让别人对你产生一种抵触感；最后，你会让人产生一种你在制造麻烦的错觉，他们会认为你有点小题大做，甚至是故意让他们为难。

所以，在职场上，如果你没有站在绝对的位置上，你最好不要直白地去指导和指挥别人，那样会让你和对方产生极为强烈的相互排斥的气场，那是你希望看到的吗？

我把这些原理告诉了马修，他耸了耸肩：“好吧，教练，我认为您说的是对的。我应该改改我的表达方式了。”

“这很重要，马修。你想想，虽然你不喜欢拐弯抹角，但问题是，你如果和对方的气场不能产生共振，那么你对对方的影响将会十分有限。”

马修苦笑了一下：“看来我得认真练习控场的技巧了。”

是这样的，如果你想在职场上有效地影响对方，就要发挥气场共振的力量。正确的态度应该是一种交流的渴望，你希望通过交流来拉近彼此的距离，从这个角度出发，你的态度会变得诚恳，你会注重和对方眼神上的交流。

当你发现对方出现错误时，为了共有的利益，你很想帮助他纠正错误。这一点很好，你可以选择对方容易接受的方式来表述。例如，你可以找个闲谈的机会，先从一些其他的事情聊起，让气场产生一定的共振之后再去引导对方，你要从对方的角度来说服对方。

例如，你可以在气场发生共振之后说：“亨特，我突然想起来，有一件事我还是想提醒你一下，当然，我是为了你好……”或是，“亨特，我一直把你当成我工作中的榜样，向你学习。可是上回有一件事，我有一点疑问……”

如果你这样去表达，对方不光会认真听你的看法，更能感受到你的尊重，这会让你们的气场更强烈地形成共振。

说服对方去按照你的思路做事也是这样。你只需要在气场上与对方发生共振，然后引导对方。即使对方是你的上司，也没有关系，因为你的目标是改变主仆的气场关系，所以你不要从心态上把自己放在较低的位置。

永远要记得，无论你在职场上是何种位置，那都是暂时的，并且，你是掌握控场技巧的那一个人，还有什么可畏惧的呢？你只需要科学地使用控场技术，就能够掌控任何人！

◎制约对你有意见的声音

只要你想往上发展你的事业，你总会遇到对你有意见的人。这是因为，人天生都有强烈的妒忌心，当别人看到你处于事业的上升期，影响力越来越大时，他们不会去提高自己，而是想办法在背后说你的坏话，或当面处处刁难你。如果对方是你在职场中的竞争对手，便更是如此，所以你不要感到奇怪。

当你明确那个为难你的人是谁之后，你会做出怎样的选择？

我知道有的人会主动去和对方“硬碰硬”地展开较量，如果你有十足的把握，我并不反对你那样做。但是问题在于，你很容易和对方较上劲，你对工作的注意力会转移到解决这种人际关系问题上。这样会浪费你的时间和精力，还可能导致你工作成效的下降，同时造成没必要的冲突。

现在我们需要耐心思考一下，有没有什么办法可以制约对方。有的人会去寻找对方的弱点，戳中对方的软肋，但那样做的结果是，你们的关系就会被破坏。假设在未来，你成了新的主管，那个被你打败的人一定会想办法报复你。这样的情况时常在一些企业里发生，所以不要去考虑使用击败对方的制约方式。

请注意，在职场中，人际关系不是一笔买卖，而是一笔财富，你要努力让自己成为这笔财富的主人。所以，你不妨考虑一下下面的策略。

1. 示弱

如果对方是那种咄咄逼人的人，并且气场非常强大，与其和对方进行抵抗，不如主动示弱，削弱对方的气场。

我们在控场的“诡计”中讲过这样一个技巧，你可以把自己伪装成一位弱小者，这并不丢人，却能够让对方对你放松警惕，甚至转变对你的看法。

2. 合作

当你感觉对方的气场和你相当时，你可以向对方传递一种信息：你们是一条“战线”上的，为着同一个目标而在一起。这本身就是正确的职场关系，但是当人们处于竞争或相互排斥的气场中，这种关系容易被人们所忽视。这个时候，你应该把它传输到对方的头脑中。

“理查德，可能我们有一些观念上的分歧，但我还是希望我们能一起努力实现部门的目标，这比什么都重要。你觉得呢？”当你这样说时，对方会明白你的言外之意，他会在心中权衡利弊。

“马丁，如果我做过哪些事让你觉得不舒服，希望你能够指出来，但我还是希望我们都能相互合作，创造出好的业绩。你觉得如何？”当你这样说时，对方也会去认真考虑，是不是应该收敛一下自己的做法。

3. 征服

如果你有把握，你还可以通过自己强大的气场，让对方被你征服。你并不需要对对方说些什么，只需要改变自己。特别是如果你拥有了团队领袖的气场，你更可以使用这个策略。

你要让职场中的所有人感受到你强大的气场，你和每个人都努力形成共振，包括你想征服的那个和你较劲的人。虽然你明明知道对方在暗自与你较劲，但你不需要去单独“搞定”他，因为你是领袖，你的气场对所有人都一样。

你要用行动向人们传递这样一种信息：如果你获得了事业上的提升，你是名副其实的，并且，你能够让团队和企业向着更好的方向发展。当你使别人产生了这样的想法时，你已经征服了他们，你就是最后的胜利者。

4. 借力

“借力”是一个“诡计”，其核心秘诀在于你要通过更高职位的人，来帮助你给对方施加压力。例如，公司的老板、你的直接上司等，你可以通过各种手段和这些人形成较为亲密的关系。

这样做会对你产生两个关键的影响，首先是你加强了和上一级领导的关系，这种关系会有利于你的事业；其次是，你会给想制约你的同事一个强烈的暗示，你已经不是普通的员工了，而是上司眼前的“红人”。当你成功“借力”之后，对方会在无形之中感到压力，就不会继续攻击你了。

策略是灵活的，目标是不变的。无论你采用哪种策略，你制约对方的目标才是你要努力实现的。

◎我可以影响老板吗

过去几年里，我接触过大大小小不同企业的老板，在和他们的交流过程中，我得到的经验是：大多数的企业主都喜欢那种富有主见，且执行能力强的员工。

但遗憾的是，很多的职业人却犯了这样一个错误，他们认为服从才是最关键的一件事。并且，在经济不景气、企业考虑裁员的时期，有相当多的职业人选择了逃避，他们害怕老板注意到自己，可结果呢，往往被裁掉的就是那些不能引起注意的人。

你是这样的员工吗？或许你有很好的执行力和强烈的上进心，但在老板的视野中，你就像“隐形人”或是“乖孩子”。如果你是这样的员工，很遗憾，你很有可能在你的职位上坐上个十年八年，或是在金融危机中成为第一批失业的人！

聪明的职业人永远不会“甘于寂寞”，他们会通过各种方式来影响老板。当然，前提在于，你要去感知老板的气场，揣摩他的喜好。

如果你的老板是那种喜欢表达、充满热情的人，并且他容许员工通过邮件或电话的方式与他进行沟通，那我强烈建议你打电话给你的老板，这样做比那些冰冷冷的邮件更容易对对方产生影响。或许你们聊上几句，很快就能产生气场的共振，那样不是更棒！

如果你的老板是那种追求高效率的人，我想你最好用邮件的方式与他沟通，邮件的内容要尽量简洁，不要用那些过于复杂花哨的修饰词，最好能够让老板在 1~3 分钟内充分理解你的意思，否则他会对你的邮件产生厌烦，这种厌烦会扩大到你的整个人以至你的方方面面。

此外，一些工作中的小技巧可以给老板留下强烈的印象。海伦娜是一名出版公司的年轻编辑，她出于自己的喜好，每次开会前都会精心制作一份 PPT，并且，她喜好选择颜色鲜艳的背景色，并配以可爱的装饰，这样做总是给公司的老总杰克曼先生留下深刻的印象。杰克曼并不觉得海伦娜不职业化，反而觉得她是一个充满热情且做事精细的人，于是他私下里要求海伦娜的主管给她多一些自主权。海伦娜在不知不觉中影响到了老板，并从中受益。

还有拜伦，他是一家大型销售公司的信息技术员，其中有一项工作是把公司的通知及时通过短信的方式发送到每个人的手机上，这其中包括了老板布鲁斯先生。于是有一天，他突发奇想，在发送公司新的通知内容后，加上了一句布鲁斯先生的口头禅："永远不要忘记我们的竞争对手正在拼命加班！"这条短信也被布鲁斯看到了，他非常高兴，于是向人事部询问了拜伦的情况，并把他叫到自己的办公室，希望他能够在以后的短信通知中多发一些好的语录，用来激励员工。拜伦微笑着答应了。很快，拜伦在公司里有了一个"首席信息官"的绰号，没过多久，他真的被布鲁斯任命为营销部副总监。

这样的例子还有很多，但是你发现了没有，影响老板最重要的方式，是你要看上去有点"与众不同"，但这种"与众不同"不能违背公司的形象或打破公司的各项制度，而是一种展示自我特质或才智的"与众不同"。我相信你通过思考，可以找到突破口。

当然，如果你再大胆一些，还可以向上管理你的老板。我知道，在职场中很少有人那么去做，但是如果你做了，并成功影响了你的老板，你的地位会立刻发生变化。

例如华莱士，我在西雅图的一位客户，曾是一家建筑公司的会计。有一次，华莱士在公司的酒会上多喝了几杯，有一点醉意地走到老板保罗的面前，对他说："保罗，你是我见过的最棒的老板！真的，我非常荣幸能为你效劳！但是你知道吗，我觉得酒店的那个项目并不值得去竞标，因为那个开发商总是喜欢挑毛病赖账，这是我很早就听同行说的。”

“哦？这我还是第一次听说。”保罗对华莱士的话十分感兴趣，虽然他跨越了自己的职位，“华莱士，能不能帮我问问具体的情况？”

“没问题，老板！”华莱士高高兴兴地接受了指示。

第二天早上，华莱士就把老板想要的信息收集整理好，放到了保罗先生的桌子上。很快，公司的项目部放弃了竞标，而保罗对华莱士的态度也比以前要热情多了。

你要相信一点，你的老板比任何人都渴望从你那里获得好的想法、有用的建议、有价值的信息，所以请不要被你的职位和工作年限所限制，在合适的时候适时去扩大你的影响力，你将会得到重视和承担更大责任。

不过我还要提醒你注意一点，如果你想向你的老板提出合理化的建议，你首先要确认你的老板不是那种“大独裁者”的风格，这一点很重要，请你三思。

◎向团队传输信息

如果你现在在公司混得不错，管理一个团队，那么你会怎样让团队中的每个人都按照你的指挥行动起来呢?

过去几年里，在商业领域，各种各样的团队管理理念层出不穷，或许你也知道其中一些原理，你也有一些经验，但从控场理论上来讲，管理团队最重要的诀窍在于：让团队为了目标而工作只是基础，最重要的是为你工作。

我知道很多商业类书籍一直在强调，制订团队的目标和计划，并通过绩效考核的方式来帮助员工自动完成工作。这并没有错，但这并不好。原因在于，如果只是通过死板的管理方法来进行督导，你的下属只会产生工作的压力，这种压力有好的一面，也有不好的一面，但总之这一做法并不是最佳的方式。

另外，你需要注意的是，团队中也有一些充满野心的人，他们不惧压力，充满斗志，但是他们往往喜欢独自战斗，不注重团队内部的合作。这样的人也会给团队带来不少麻烦，甚至打乱你的计划。

由于每个人的性格特点、想法都有所不同，所以最好的做法是，让团队的所有人都产生一种“为你工作”的意识，并在“为你工作”与“让自己受益”之间建立起联系，你就可以掌控团队中的每个人了。

想做到这一点并不难，我的朋友弗莱德·德普就深谙此道，他在不同的企业里管理过不同的团队，都取得了成功，他是如何做到的呢?

首先，弗莱德每到一个新的环境，都会向团队成员传输这样一条信息：我是一位经验丰富的管理者，你们真正的“老大”来了。他会向每个人展示出自己强大的气场，并把自己在其他企业中的成功经历和团队成员分享。这样做的好处在于，弗莱德通过自己的经历让每个人都相信他有丰富的经验，能够带领团队走向成功。这是一种强烈的心理暗示。

当弗莱德和团队工作一段时间后，他开始向团队成员传输第二条信息：你们在为我工作，我就等同于团队。一方面，弗莱德会私下关心每个人的工作和生活，给对方营造一种“老大哥”的感觉。另一方面，弗莱德总是在布置工作时对下属说：“你能为我和整个团队做到这一点吗？”或是“我相信你能为我做到这一点，当然也是为了整个团队的利益”。

弗莱德的做法非常明智，通过不断地重复，他让下属在大脑中产生这样的潜意识："我在为弗莱德工作，弗莱德等同于团队。"如果有下属做得不够好，弗莱德还会这样说："伙计，这件事上你让我有点失望，我希望你下一次不要再让我失望了，好吗？"

当然，弗莱德还会每到一定的阶段，就为团队里表现不错的人争取一点利益，这是一种情感战术，同时也向员工传输第三条信息：为我工作，让你受益。

例如，他帮助一名叫哈里的员工申请了一笔奖金，他会同时对哈里说："哈里，最近几个月你的表现非常好，我为你争取了一笔奖金，我希望你能继续帮助我和团队实现共同的目标。"

还有一次，弗莱德为一位名叫戴安的女员工申请延长了婚假，还送给她一份小礼物，并对她说："戴安，我为你多争取了几天带薪的假期，为了这事我差点和人事部打了起来，不过没关系，他们还是被我说服了，我希望等假期结束你能精神百倍地回来工作。"戴安十分感动地点了点头。

时间一长，团队中的每个人都或多或少受到了弗莱德的"照顾"，他这种"老大哥"的形象深入了人心。每个人都在关注着弗莱德的一举一动，相信他的一言一行，并按照他的指示展开工作。

我们再来总结一下弗莱德向团队成员传输的三条重要信息：

1. 我是经验丰富的管理者，是你们真正的“老大”。

2. 你们在为我工作，我就等同于团队。

3. 为我工作，让你受益。

这有点像心理学的“登门坎”效应，就是一步步引导别人被你所控。我相信，如果你也能按照这个步骤向下属传输信息，你会逐渐掌控整个团队，让每个人都心甘情愿地为你工作。

试试看吧！

◎描绘愿景，鼓动人心

无论你是中级管理者还是高级管理者，我都建议你努力让自己成为一个“愿景高手”。你要知道，一个清晰的画面往往比上百句激励的话更有效果，这是因为愿景会在人的大脑中形成画面，而图像比语言对人的影响更大，效果更明显。

在我看来，二战著名英雄、美国有史以来最伟大的陆军上将巴顿将军，是一个非常棒的“愿景高手”，他通过这种方式激励了整个第三集团军，其中有这样一段话，我相信你一定不会觉得陌生。

“凯旋回家后，今天在座的弟兄们都会获得一种值得夸耀的资格。20年后，你会庆幸自己参加了这次世界大战。到那时，当你坐在壁炉边，孙子坐在你的腿上，问：‘爷爷，你在伟大的第二次世界大战时干了什么？’你不用尴尬地干咳一声，把孙子从一个膝盖移到另一个上，吞吞吐吐地说：‘啊……爷爷当时正在路易斯安那铲粪呢。’”

“与此相反，弟兄们，你可以直视他的眼睛，理直气壮地说：‘孩子，爷爷我当时在第三集团军和那个狗娘养的巴顿一起并肩作战！’”

这段经典的话使用的就是“描绘愿景”的技巧，巴顿将军向士兵们描绘了未来的画面，既充满幽默，又能起到极强的激励作用。我相信每个士兵都会跟随巴顿将军的愿景描述，而在大脑中形成两幅截然不同的画面，是去“路易斯安那铲粪”还是“和巴顿并肩战斗”，心中自然有了明确的答案。

已故的苹果公司创始人史蒂夫·乔布斯也是一个“愿景高手”，2001年左右，也就是他重新回到苹果公司的第四个年头，他开始向所有的员工和大众描述一幅新的景象：“苹果将会成为人们数字生活的中心，手机、音乐播放器等新的数字技术产品将会以爆炸般的速度风靡世界，苹果会坚持创新，给用户带来一种最愉悦的使用体验，并将软件、硬件和设计完美地结合在一起，填补科技与艺术、理性与感性之间的鸿沟。我们将是这个产业里最后一个能这样做的人。这也是真正的我们。”

尽管在那个时期，微软、诺基亚等公司正处于浪潮之巅，也有很多人建议乔布斯和苹果公司应该跟着微软来做，但实际上乔布斯更坚信自己的理念。乔布斯的愿景和这种坚信像一股巨大的能量，在苹果公司内部不断传递，让每个人为之倾尽所能。

而到今天，也就是十几年后，我们惊奇地发现乔布斯所设想的愿景已经全部在生活中实现，人们疯狂地购买苹果手机、音乐播放器、平板电脑，事实上，情况比乔布斯当年的愿景更乐观！

我在前面也讲过，“描绘愿景”是重要的控场技巧之一，其核心在于吸引。也就是说，通过你描绘的蓝图，起到深深吸引对方的目的，从而实现支配别人的意图。

那么，你该如何绘制一份能够深深吸引对方的蓝图呢？我的建议是以下几点。

1. 尽可能地具象

越是清晰的愿景，越能在对方的头脑中留下印记。你与其说我们要成为市场占有率第一的企业，不如说我们要在世界的各个角落开设分公司，无论是在德国还是日本，甚至是南非。

2. 结合每个人的利益

不可否认，人是利益的动物。当你描绘出清晰的愿景后，人们会在心里问这样一个问题："这和我有什么关系？"你需要用肯定的语气回答每个人心中的问题，如果愿景得到实现，能给每个人带来怎样的利益。这些利益包括：薪酬、福利、职位、股票期权、更棒的办公环境等。

3. 实现蓝图的战略

盖一座大楼需要一张图纸，而你的战略就是那张图纸。你要把你的战略告诉员工，当然你不用说得过于具体，但是你要向员工传递一个信息：我已经胸有成竹了！听我的就能实现！把心放在肚子里吧！

4. 让愿景重复体现

你可以把愿景放在公司显眼的位置，也可以印在公司的记事本上等，总之，你会找到一些方法，让愿景总能够出现在员工的眼中。这样做的好处是能够让员工时刻牢记愿景，而不是随着时间的推移，你所描述的愿景逐渐被别人遗忘到脑后！

Part 7 控场与销售：把东西卖给任何人

◎吸引客户是前提

使用控场原理的另一个好处在于，你可以运用这一原理轻松地做成生意，你的销售业绩会得到大幅提升，我的学员已经通过实际行动证明了这一点。如果你从事销售这一行业，或是你想成功地向任何人推销你自己，你都不要错过这一部分的内容。这对你来说至关重要！

在职场中想要快速取得成功，提高你的影响力是前提，而想做好销售、谈成生意的前提在于，你能否吸引你的客户。在实际销售的过程中，我发现很多销售员都把注意力放在了产品身上，这并没有错。但你并不是一个“产品说明书”，你应该多去考虑如何让自己吸引住客户。

格森在参加控场训练之前，是一位业绩很差的电器销售员，他向我抱怨：“我真搞不懂那些人，我废了半天工夫向他们介绍产品，他们就是不买。不买就不要跑到我这里来嘛！”

“可是格森，如果你还是这种心态的话，换成我，我也不会从你那里买任何产品。”我实话实说，“如果有一种机器，可以把产品的各种信息都录下来，顾客想要知道什么就按相应的键，你一定会被那个机器所替代。”

“哦……可是……”格森还想狡辩。

“你的气场出了点问题，孩子。”我不想听他的辩解，“从你跨进这扇门到现在为止，你身上没有任何一个能够吸引我的地方，请你不要介意我这么说。你的脸上没有能跳动的肌肉吗？你的头发还能再凌乱一些吗？呵呵，我无意冒犯你，但是你给我的感觉确实是这样。我可以用三个词来概括你的气场：压抑、脏乱和单调。”

格森低下头想了一下：“好吧，我也曾注意到自己的这些问题，但是一个合格的销售员不就是对产品的一切了如指掌吗？”

“对，合格的销售员是这样，但是优秀的销售员不是这样。格森，你要明白一点，当有顾客来向你询问产品的信息时，他们一方面对你所经销的产品感兴趣，另一方面却被你的气场所阻碍。虽然他们不会明显地意识到这一点，但是在潜意识中会对你产生一种排斥感，所以你会浪费很多的机会。这样你就会产生刚才的抱怨。”

“哦！教练，我明白了，那我下回注意一下，争取多给他们点微笑。”

“微笑和整洁只是最基本的，孩子，你要打造自己的吸引力。当你有了吸引力之后，你会发现，就连本身对你的产品并没有强烈需求的人都会被你吸引过来，每一天你都能做成相当于自己现在一个月的单子，你希望成为这样的销售员吗？如果你希望这样，我建议你认真参加控场与销售的学习和训练。”

格森充满渴望地说：“我太想成为您说的那种销售员了！做梦都想！所以，我下定决心报名了课程，我一定会认真学习的！”

我并没有欺骗格森，事实上，请你回想一下，你一定买过一些自己根本不需要的产品，而你买这个产品的原因在于，你被向你推销这个产品的人所说服。而这种说服，是建立在一种气场吸引力的基础上。换句话说，如果你不喜欢或不相信对方，你又怎能把他的话听进去呢！

我曾经到一些企业参加其内部的销售培训，我发现多数企业注重的是销售人员对产品的了解，而对销售人员个人品质的培训却很少。大多数企业强调的是着装整洁、微笑热情，可这就足够了吗？

全世界数以千万的人在使用安利、玫琳凯的推销模式，这其中只有5%的人通过这种方式获得了财富自由，甚至成了千万富翁。为什么同样的产品、同样的销售模式，只有少数的人走上了金字塔的顶端，而大多数的人则还在为卖出一件产品而发愁？

最核心的因素在于：吸引力。

◎获得强大的吸引力

如果有一种魔力能够帮助你提高销售的业绩，那这种魔力就是个人身上散发出来的吸引力。想想那种像“磁铁”一样的气场，深深地把别人吸引过来，该是多么棒的一件事！

如何获得这种强大的吸引力呢？实际上，你首先需要把注意力从销售中转移出来。是的，我并没有写错，我就是要你把自己从销售的职位中脱离出来。

这是因为，当你把自己的注意力都集中到销售上，你的思维会总是围绕着我如何做好销售这一主题，那么你的所有行为都会以推销一件商品或服务为出发点，你的整个气场都会围绕所推销的产品而铺展开来。

但问题在于，如果你是一位保险推销员，而你的气场在别人眼中，看上去也像是一位保险推销员，那么，这能对你的生意有多大帮助呢？是啊，这能有多大的帮助呢？但反过来想，如果你看上去更像是一位资深的理财顾问，情况就不一样了。

我们假想一下这个情景，在一个书店的书架上，摆着各种各样白色或黑色封面的教科书，而其中有一本橙色封面的书，它是那么的显眼和独特。你在远处第一眼就看到了它，虽然你未必最终购买了它，但你还是会走到它的前面拿起它研究一番。这本橙色封面的书虽然也是一本教科书，但是它脱离了其他同类书的气场，被赋予新鲜的颜色，它被别人注意的概率就会大大提高。

所以，你需要考虑的不是你在推销什么东西，而是在于你自己的气场颜色，能否引起别人的注意。重点不在于你穿得多鲜艳，而在于你能否从大多数同质化的推销员中脱颖而出，这才是你取得成功的关键。

回到这个问题上，回想一下，上一次你从某个业务员那里购买某件你并不急需的产品或服务，让你“破费”的原因是什么。关于这个问题，我曾经在我的学员中做过调查，我得到了一些十分有趣的答案，我摘录了其中的一些。

她看上去十分漂亮，气质优雅；

他给我的感觉不像个销售员，他倒很像是个来帮忙的音乐人，在那儿哼着歌；

我被她的香水味迷住了，或许是这样的，那是一股淡淡的、清爽的味道；

他很像某个演员，哦，对了，像尼古拉斯·凯奇；

她正在和其他顾客有说有笑，我觉得她十分热情，或许我能和他交个朋友吧；

他说的第一句话就逗笑我了，是的，我喜欢幽默的人；

她十分可爱，就像一位邻家女孩；

他说话的声音十分好听，我便凑了过去。

……

你会觉得有点不可思议，但买卖就在这种不可思议的情况下发生了。无论是出于哪种因素，人们都被一些销售员成功地吸引住并购买了他们的产品，还记住了自己被吸引的理由。可见，吸引力的影响是多么巨大。

如果你是一位女士，根据我所得到的答案和我的经验，我推荐你从以下方面改善自己的气场，增强自己的吸引力：

1. 如果你 30 岁以下，突出你的年轻和活力。

2. 如果你 30 岁以上，让你优雅的气质不同凡响。

3. 甜美的声音和银铃般的笑声到哪里都受欢迎。

4. 你要真正快乐起来，才能让别人注意到你的快乐。

5. 适当鲜艳的衣服或饰物会让你引人注目。

6. 无论你年龄多大，都要认可自己的美丽。

……

如果你是一位男士，我会推荐你通过以下几个方面改善气场：

1. 如果你相貌英俊，请搭配一身高档的西装，并保持好身材。

2. 如果你并不觉得自己英俊，你可以让自己看上去时尚。

3. 培养自己的幽默感，这是永恒的受欢迎的秘诀。

4. 保持轻松的心情，对你的未来感到乐观。

5. 唱歌和练习乐器可以增强气场。

6. 无论你薪水是高是低、资产是多是寡，都要认为自己是富有的。

……

总之，增强吸引力的秘诀在于你自己，你要学会欣赏自己、展现自己，当做到了这一点之后，你会发现自己并不是什么销售员，而是一块会移动的“吸铁石”，走到哪里都能通过你展示出来的魅力吸引别人。

另外，你的声音听起来怎么样？是否能带给人愉快的感觉？如果你打电话进行推销，声音是你唯一能够吸引对方的武器。我建议你把自己打电话的声音录下来，然后反复揣摩，让你的语气和声音达到连自己都喜欢的程度，再去做推销。当然，无论你是电话销售还是当面销售，都需要做这个练习。

而且我还要告诉你一个诀窍，就是当你面对异性客户的时候，你的吸引力会更管用，因为人的天性有异性相吸的特点，你应该抓住这一点！

◎看懂对方，提高成交率

格森通过一个阶段吸引力的练习之后，给人的感觉已经有了很大的变化，他看起来不那么脏兮兮的了，而是穿着高档的西装，皮鞋擦得很亮，还特意到高级的理发店给自己做了个新发型，每天都把胡子刮得十分干净。通过练习，格森说话时声音变得洪亮而有穿透力，底气十足，这符合他作为一个年轻人应有的活力。这些变化，让他有了一定的自信，特别是出门前照镜子的时候。

并且，一个可喜的现象是，格森发现那些潜在客户渐渐多了起来，看他的眼神也有了变化，不再是那种排斥感，而增加了一些欣赏的眼光。客户的变化给格森造成了积极的心理投射，他觉得自己有点吸引力了。

格森十分开心地和我分享自己的变化，我一方面恭喜他取得了进步，另一方面，我告诉格森："小伙子，这只是刚刚开始，你有了一定的吸引力之后，潜在客户会多起来，但是你的成交率提高了吗？"

"哦……"格森想了想，摇了摇头，"好像没有，先生。不过潜在客户确实多了不少，每天能做成的单子也多了一些。"

"是啊，时间长了你会觉得很疲惫，因为你每天要和更多的人打交道，但是你的成交率并没有提升，时间长了你的心里自然会对此产生厌烦感。你相信吗？"

"是的，教练，我相信您所说的，看到那么多潜在客户从我手上溜走，有时候我确实感到很可惜。”格森不无感慨地说。

无论是电话销售、门店销售还是上门推销，你都要想办法提高成交率。这样做的好处是节省你的时间和精力，并且能够得到更多的潜在客户。

为了提高成交率，你需要练习观察的技巧，但不要上下打量客户，那样会让对方产生不被尊重的感觉。你只需要从以下两点去观察和体会。

1. 客户的情绪

我们在前面讲过，通过对方的表情就能感受到他当时的情绪。当潜在客户走近你，你第一眼扫到他的脸时，你能读出哪些关键的信息？

圣迭戈的一位顶尖级销售员告诉过我，他最喜欢和那些看上去像刚中了彩票那样高兴的人打交道，因为当对方处于轻松和快乐的情绪状态中时，谈成买卖的成功率会大幅提升。

想想你正因为某件事而情绪不佳，这时你接到了推销的电话，你会立刻产生反感，尽快挂断电话，但是如果你情绪很好，你或许愿意多听上几句。

所以当你发现你的潜在客户正处于兴奋、快乐的情绪中时，你要努力了，机会到来了。你可以通过自己的方式让对方更快乐，例如幽默的语言、轻松的问候、和销售无关的搭话等。

如果你的潜在客户看上去或听起来好像刚被老板批判了一顿那样，你不要急于去进行推销，否则你 99% 会失败。如果你认为这个客户对你而言比较重要，你可以选择先“暂停”，等对方情绪好的时候再和他联系。如果这只是随机出现的潜在客户，你则需要放慢语速，慢慢地引导对方，尽量展现你真诚的那一面。

2. 隐藏的信息

当客户和你面对面时，除了情绪，你还能感受到他的其他一些信息。例如，你注意到客户挎着高档的路易威登休闲包，或是手里拿着奔驰车的钥匙，那么你应该明白一点，价格对于这位客户来说不是你的销售筹码，所以你没必要在这方面浪费太多的时间，弄不好还会引起对方的反感，因为很多有钱的人并不喜欢购买打折或促销的商品，他们从心理上觉得那样对不起自己的身份！

你还可以试探性地感觉一下对方的职业，如果你判断对方是一位高级知识分子，那么你关于商品的功能、用途等方面的介绍，能够起到说服作用；如果对方是一位时尚的女士，那么产品的外在特点、便携性、口碑等比较感性的一些特点，能够起到说服的作用。

再比如，你面对的是一对夫妻，那么你会看到这样的情况，男士在向你询问商品信息的同时，总在转头看自己的爱人。这种情况说明，那位女士才是真正做决定的人。所以，你在回答男士问题的同时，要考虑如何让那位女士感到满意，因为她说了算！

总结一下，隐藏的信息包括：潜在客户的地位、身份、性格特点、职业属性、兴趣爱好、决策度等。你能在一分钟之内就捕捉到这些有用的信息吗？

我们在控场训练的课程上会拿出一些时间，专门做这种读人的练习，我们会选择不同的照片和影音片段，和学员们一起分析并找其规律。

如果你有时间，我建议你看一下关于颜色与性格方面的书籍，这样你也能很快就从对方身上找到蛛丝马迹。

◎让对方说出需求

当你成功地吸引到了对方，也能够找到一些蛛丝马迹，那么你现在要做的就是引导对方，进入你的“地盘”。

我见过很多的销售员，他们的失败之处在于，从一开始就被顾客所引导，整个场面都处于被动当中。这种情况下，销售员就像个自动答录机，对方问什么就回答什么，看上去死板而缺乏沟通性，这样效果肯定不理想。因为在这样的一个过程中，客户问了很多问题，但是销售员却始终找不到对方的需求，无法主动说服对方，所以这种销售是被动的。

你最好在推销的开始阶段，就看准时机进行引导，让对方主动说出需求，这样有利于你掌控整个局面。

当你的潜在客户出现在你面前并主动询问产品信息时，你应该清楚一点：他来向你询问某件商品，肯定是因为存在一定的购买需求。那么现在，我们要把对方的心理需求说出来，帮助他产生一种认同感和心理的共振，这样才能顺利地往下进行。

一位颇有经验的电脑销售员会这样引导："现在信息技术的更新速度太快了，我相信您肯定有这样的感觉，您手上正在用的电脑有点'落伍'了，跟不上潮流。"而不是说："我们最近推出的电脑非常棒，硬件都是最新、最快的。"

一般说来，很多客户购买新电脑的动机在于，他对自己手上的电脑不满意，所以才会过来询问，那么你要重复这一点，这样做正好击中对方的心理需求，对方可能会向你滔滔不绝地抱怨或诉说需求。而你想推荐的最新、最快的电脑，可以作为下一步的筹码。

再比如，如果你正在做理财产品的销售，你可以用类似这样的话引导对方："我相信您也感觉到了，现在通货膨胀正不断加剧，东西都贵得离谱，政府也没有办法，您说是不是这样？"你向对方传递了一种紧迫感，而对方或许也感同身受，开始向你抱怨物价的飞速增长。

还有一些时候，你需要了解对方的购买需求，你要找到那个决定成交的点。所以你可以使用一些类似问话的形式，通过极为自然和热情地语气说出来，引导的效果也非常好。

"您不妨先说说您的需求，看看我能不能帮到您。"

"您一定有自己的喜好，看看我能不能帮您找到适合您的那一款。"

"您需要的我们这儿肯定都有，不过我得先了解一下您最主要的需求是哪方面。您看如何？"

"您一看就是很懂行的人，您对产品有什么特别的需求吗？"

"您过去是如何处理这种情况的？"

"您是否用过类似的产品？"

……

当你说出这些话，或向客户提出一些问题时，你都应该做好后续的准备。例如当你问客户“您是否用过类似的产品”时，可能会出现下面几种情形。

“我还真没用过。”（客户）

这时你应该继续引导：“那正好，请容许我给您介绍一下……”

“我用过，感觉不太好用。”（客户）

这时你需要十分关切：“为什么不好用呢？是哪个牌子的产品？”

“我用过，感觉很不错，不过是A牌子的。”（客户）

这时你需要更进一步：“A牌的确实不错，我以前也用它。但是现在我做B牌的销售，我改用了B牌，不是骗您，我感觉B牌在某些方面更好，特别是……”

你可以在家进行这样的模拟练习，一边扮演销售员，一边扮演客户。你要让自己做足“功课”，因为你面对的是完全不同的客户，他们可能有各种千奇百怪的需求或说法，你准备得越充分，你所能应付的情况就越多，这一点毋庸置疑。

请你想象一下，一位看上去十分富有的客户走进汽车展销厅，他对各款车前后仔细研究的时候，你会主动问他：“您一看就是很懂车的人，请问您对想买的车有什么需求吗？”如果他想要的恰恰是你所没有的，你又该如何往下进行呢？你愿意随便就放弃这个客户吗？所以，你要事先想好各种情况，来应对客户。

◎使用“转移”的技巧

请你注意，你所推销的产品并不一定能满足客户的需求，正如我上面举的买车的例子。客户可能需要一款带自动泊车功能的汽车，但是你的汽车并没有这种功能。你该如何解决客户的问题，做成买卖呢？

如果你只是实话实说：“对不起先生，我们没有这个功能。”那么你会给对方造成你们技术不先进、不能满足客户需求的感觉。所以，你不能只是实话实说。

如果你准备充分，你可以先帮助对方降低这个购买需求，例如，你可以说：“对不起先生，我们没有这个功能，主要是因为目前这种技术并不成熟，据我所知，很多用户在狭小的空间内使用自动泊车，结果发生了擦碰事故。而在宽敞的空间里，这种技术用处又不大。所以，出于安全考虑，公司没有使用这个技术。”

然后你需要尽快使用“转移”这个技巧，目的在于，把对方感兴趣的需求转移到你所擅长的、能够提供的需求上。

例如，你可以接着补充说：“看得出，您对汽车上的科技十分感兴趣，虽然公司出于用户自身的安全考虑没有安装自动泊车，但是我们为用户配备了更先进、更安全的技术，例如自动导航系统、360° 影像雷达，对了，还有夜视系统。您来看一下这辆车……”

你看，你并不需要回避或狡辩客户提出的问题，只是通过转移，让客户的注意力回到你想突出的地方上来。前提是，你的反应要足够快，所以你的准备功课一定要做足。

如果对方对产品的某一方向表示出了明确的需求，虽然你推荐的产品不能满足顾客明确的需求，但是你在顾客关心的这一方向有独特的优势，你完全可以突出自己的优势，就像刚才举的汽车销售的例子。销售员明确了客户对汽车科技有一定的兴趣，于是把话题转移到了自己所销售的汽车的科技上，进而向客户推销。我把这种转移称为“平行转移”。

例如，客户想给自己的办公室安装一套保安系统，他希望这套系统拥有指纹识别的功能，但是你所代理的系统并没有这个功能，那么你可以向他突出展示你的产品的功能优势，例如图像采集、密码智能锁、自动报警装置等。

另外一种常见的转移模式，是对方对产品的某一方面表示了需求，但是你所销售的产品在这一方向并没有优势，那么你需要向其他方向转移。我把这种转移称为“差异转移”。

还是回到买车的那个场景中，现在的情况变了，你所销售的汽车品牌确实不注重科技创新，但是它同时也有别的卖点，例如漂亮的车型设计和细致的做工。那么，现在，你就需要做“差异转移”了。

“对不起先生，我们的车没有这个功能，我们更注重汽车的舒适性和美观性。您看，我从事汽车销售很多年了，也开过不少的车，我的经验告诉我，汽车的科技总是很快就被更新淘汰，例如您所说的自动泊车，可能现在听上去挺时髦，但是可能一年之后，人们都在讨论新的技术了，您说是这样吧？”你还是需要先降低客户对这一方面的需求，然后再进行转移。

当你看到对方点头时，你可以继续转移：“其实我个人认为，像您这样有身份的人，为什么不考虑买一辆时尚漂亮又做工精致的座驾呢？您看宝马的 Mini Cooper 车型，从诞生到现在依然受到用户的追捧，因为它也符合了我说的两点，时尚漂亮和做工精致。在我们最近新到的车中，也有这么一款，对，就是这辆车。我们设计的初衷也是将时尚和精致合二为一，您可以坐进去感受一下……”

在你的引导下，客户十分自然地坐到车里，然后你就可以一步步按照自己的话来引导对方，掌控整个场面了。

在进行转移的过程中，你要记住，越是能够降低客户最开始的需求点，越是能成功地对其进行说服，但千万不要有任何让客户感觉不愉快的话出现。

当客户坚持他的需求时，你也不能说：“一看您就不太懂。”“您说的不对。”“明白人都不会像您一样。”……那样说，你会让客户觉得你在侮辱他的智商。但是你可以这样说：“和您说句实话，不止一个用户向我反映过，您说的那种功能其实并不实用，因为……”或是“如果您坚持要那种……”。

◎用心理暗示给对方催眠

控场之所以能对你的销售有很大帮助，是因为我们特别强调了心理暗示的力量，这种感觉就像是给客户催眠。没错，你要达到的效果就是让客户听从你的指挥，你来帮助他做出成交的决定。

如何做到这一点呢？我们在前面的控场技巧里已经讲过，你可以使用一些关键性的词语，将其反复投射到对方的心理上。我们要努力在最短的时间内，或许只是几分钟，在对方心里竖起一面“墙”，这面“墙”会阻碍对方原来的潜意识操纵，让其完全以你的话作为参考。

有一次我正在出差的时候，我的朋友威尔打电话告诉我，他花了不少的钱，买了芝加哥市的一处房产，他有点后悔，觉得自己当时做的决定有点过于草率，觉得自己买贵了。

我知道他早就想移居芝加哥，所以我安慰了他，但我很好奇的是，那位房产经纪人到底是怎样快速让威尔做决定的。威尔在电话里向我描述了当天的经历。

“那天早上，一位房地产经纪人打来电话，问我是否想购买房产，我问他有没有芝加哥市的房子，他说正好他手上正代理那里的几套房子，并且现在很多人都在询问那里的房产。因为正好有这个需求，我就让他带着资料过来了。

“下午的时候，那位名叫奥里森的经纪人按响了门铃，然后向我出示了自己的证件，我就请他进了屋。他并没有直接向我推销，倒是对我的客厅布置夸奖了一番，我们聊得还不错，我感觉他比较热情……”

我在电话那边想，根据我的经验，这位经纪人能看出来威尔的经济条件不错，所以他不会从价格上来引导威尔。果然不出我的所料，威尔在电话那边说道：

“奥里森从公文包里拿出一些资料，其中有一份是伊利诺伊州的房子，他对我说：‘威尔先生，我想知道的是您为什么对芝加哥的房子情有独钟？’我告诉他我的老家就是伊利诺伊州，喜欢那个城市和那里的人，并且打算在那里发展自己的业务。然后奥里森开始向我介绍他手上那几套房子，他一边介绍一边说：‘威尔，最近真的很奇怪，我每天都接到电话，人们好像都想在那里来上一套房子，你真幸运，我们公司在芝加哥市代理的房子还算是比较多的’。

“我对他的话并没有理会，而是聚精会神地看着资料，其中有一套房子深深地吸引了我。我感觉奥里森注意到了这一点，他马上对我说：‘威尔，这栋房子可是十分有吸引力的，而且是在城北富人区，好多买家向我询问过它，不过他们都觉得价格有点高。但一分钱一分货，你说是不是这样？’我点点头，仔细看着这栋房子的介绍，价格确实不便宜。”

“那你没有和他讨价还价吗？”我在电话那边问威尔。

“我问了，能不能给我便宜一点，我可以很快签订购买合约。但是你猜那个经纪人怎么说，他对我说：‘威尔，不是我不想给你便宜，而是现在芝加哥的房价一直在涨，这个价格还是上星期的，估计很快还要上涨，而且现在在那里投资的人比较多，连芝加哥本地的有钱人都想再买上一套。我要是你，看好了，就赶紧买下来，真的，我是为你好。’他的话让我感觉很不愉快，但是我的脑中却总想着这栋房子很快就会被别人买下，这让我十分犹豫。”

“呵呵，然后他又暗示你赶紧买了，对吗？”我深知这位销售的套路，虽然很一般，但是对客户的心理把握得很准。

“是啊，他在我犹豫的时候拿出了几份房产协议，并对我说：‘你看，这是最近几位客户和我签的协议，都是芝加哥北城的房子，都是当天就签订的。你看这栋，你知道吗，这栋房子周边同样的住宅，好家伙，这个月就又涨了三万多美元了，而且房源还特别少。’我拿过他的协议仔细看了一下，确实都是最近签的销售合同。我有点坐不住了。奥里森拿出了一份空白合同，然后对我说：‘威尔，如果我是你的话，就会赶紧签了合同，赶紧把这套房子占上，要不然我可不能保证明天这套房子还在。’”

“‘可是我应该到那里看一下再做决定吧？’我对他说。奥里森马上拿出一张地图，然后给我介绍这套房子的位置和周边的社区情况，他很会说，我挑不出任何问题，而且他承诺房子和照片上的一模一样，这一点可以写进合同里。于是，我当下便交了定金，签了合同。呵呵，我确实太着急了。”

“哦，威尔，没有关系，既然合约都写得很清楚，我觉得问题不大，或许是因为有点贵或是决定下得太快，让你感觉不舒服。”我安慰道。

“是的，呵呵，希望我没有买错。”威尔在电话那边笑了。

事实证明，威尔确实买贵了，当然，这也在他能够承受的范围。但你发现没有，那位名叫奥里森的房产经纪人在推销的过程中，反复地对威尔使用心理暗示，制造一种紧迫感。这种不断的暗示在威尔心里竖立了一面“墙”，这面“墙”以“紧迫、抢手”为中心，把威尔正常的判断阻碍了，他连讨价还价的余地都没有！

奥里森的成功推销还有一点值得注意，他观察到了威尔的经济情况，以及在谈话中的神情，他把握得很准。这是控场的基本技巧，需要不断摸索和练习。你的目的是把可能影响客户购买决定的心理暗示找准，然后再修建那面“墙”。

比如，你认为客户的经济承受力一般，那么你的心理暗示可以由以下内容组成。

“我可以很负责任地说，我们的价格是全国最便宜的。”

“正好现在在优惠，我预计下个月价格就会恢复上去了。”

“我们的产品下个阶段可能要提价10%~15%，所以我强烈建议您现在购买。”

“我这里已经是全国最低价了，您要是不相信，可以再打电话问问其他的经销商。”

……

你看到，你可以通过类似这样的话不断暗示对方：今天买我的产品，你最省钱。但你并没有构成商业欺骗，你只是用了“我预计”“可能”等字眼，其重点在于你能提高自己的成交率。

◎扮演好“律师”的角色

如果你看过《波士顿法律》《费城故事》等影视作品，你一定对其中那些才思敏捷、伶牙俐齿的律师印象颇深。实际上，在销售的过程中，你也需要扮演类似律师的角色。一方面，你需要给出有力的“证据”，来向客户证明产品的价值；另一方面，你会经常面对客户的各种异议，这个时候你需要为你所推销的产品进行“辩护”，打消客户的各种疑虑。

“证据”可以是你事先准备好的例子，这种例子也是一种十分有效的心理暗示。比如，你正在代理一款保健品，与其浪费口舌地讲它的保健原理，不如告诉你的客户，它曾经帮助一位患者恢复了健康。你需要把这个事情讲给客户，当然，它必须是真实发生的。虽然你的保健品不一定对所有的客户都有效，但是当你讲述了一件真人真事之后，你的客户会在心里想：“这样的好事，是不是也可能发生在我的身上？”

我的朋友麦凯伦是一位运动方面的专家，他花了很长时间，写了一本关于健身技巧的书，那是他多年研究的总结，我非常喜欢那本书。但奇怪的是，这本书的市场销售却并不理想。有一次我恰好路过书店，看到了他的那本书被孤零零地摆放在书架上，而读者却喜欢翻看一些不知名的、年轻的健身教练的书，我想了想，原来读者相信的是那些封面图片上的健身教练，他们就像一个个活生生的例子摆在人们眼前。而麦凯伦的书则不具备这一点，因为他毕竟是40多岁的中年人了。

这就是“证据”的力量，一个故事或一张图片，胜过千言万语。当你看到那些律师在法庭上巧舌如簧的时候，并不会想到其实他们在私底下为了寻找证据而花费了大量的时间、精力。对你来说，你的“证据”可以从以下方面来找。

1. 你自己的例子

如果你的产品、服务真的帮助到了你，那你完全可以现身说法，你就是最好的证据。你会从一位看上去穷困潦倒的人那里购买金融产品吗？显然你会犹豫。如果你因为自己的产品而富有，开着名贵汽车，把你的故事讲给别人听，你还会更加富有！

2. 客户的例子

你的产品能对别人产生价值吗？很多时候你并不知道。我建议你“跟踪”一下你的客户，打电话询问他们的使用感受，如果你的产品对他们而言有一定的价值，你就找到了最好的“证据”，而且还能提高自己的自信心。

3. 听来的例子

你还可以询问制造厂商、上司、同行或其他的业务人员，更可以通过多种途径的媒体报道得到一些有用的例子。

无论怎样，你必须保证你的“证据”是真实的，很多销售员为了多卖出一些产品，会编一些故事给客户听。这样做首先违背了做人的基本道德，属于欺骗的范畴；其次，如果你的故事造成了欺骗，客户很有可能投诉你。你又怎么能保证你编的故事不被人识破呢？所以你最好不要那样做。

当客户对你的产品提出异议时，首先你要明白，你的目的是让对方购买产品，而不是来一场“辩论赛”，这个时候你不要像一位大律师那样和别人针锋相对。处理异议时你要掌握好你的语气，真诚和热情的语气本身就能降低客户心中的焦虑。

没有人能够在做销售时一帆风顺，面对的客户都没有任何异议，那样的情况实在少之又少。所以处理好客户的异议才是销售员真正能力的体现。例如，下面这位名叫罗伯特的销售员就做得不错，他在处理异议时使用了转移的技巧。

一位客户考虑要投保，但有一件事让她很不满意。“罗伯特先生，我实在希望保险公司直接付款给医生和医院，省掉我所有的麻烦。这是我最关心的一件事。”她向罗伯特提出了这一异议。

但是罗伯特的公司并不办理直接拨款的业务，于是他很有礼貌地对客户说：“黛西夫人，您参加保险的出发点是什么？是支付方式还是为您和您的家庭提供保险的内容呢？”“当然是保险的内容了。”她回答说。

在得到这一回答后，罗伯特赶紧说：“那就让我们首先讨论为您的家庭提供保险的内容，好吗？”接着罗伯特就开始和她讨论具体的内容了，异议被双方放在一边不管了。

转移可以让客户把“异议”先放在一边，转而投向你所引导的话题上。这是你可以使用的一种应对异议的技巧，当然，你还可以采用主动解决的方式。如果对方的异议本身是错的，你不可以说“我不这样认为”或“你的想法是错的”等，你可以这样说：

“我过去也有同样的想法，但是实际上……”

“您这样想肯定有您的道理，但根据我掌握的情况……”

“您这么说很有趣，我的客户过去也这么想，但他们后来发现……”

通过这样的方式表明这些客户的想法并非没有道理，但是你能有更好的理由来改变他们的想法。这样你既做了引导，同时又没贬低他们，而是以经验、结果、实例对他们的异议进行了驳回处理。

◎快速成交的秘诀

当你掌握了上面提到的各种技巧，也进行了相关的练习和准备之后，你现在只剩下一个问题需要处理：让客户快速做出购买决定。我知道这对很多销售员非常困难，因为他们会经常遇到这种情况，当做完充分的产品介绍后，也打消了客户的各种异议，客户却说“让我再考虑考虑吧”或是“我再看看吧”，等等。

如果这个时候不能尽快成交的话，很有可能客户因为需求的降低、看到竞争对方的产品、财务出现问题等种种原因，最终放弃了购买，你前面所做的努力都将白费，那是多么可惜的一件事！不是吗？

所以，我们希望所有参加控场训练的销售人员都能够培养一种能力——让客户快速做出购买决定的能力。这种能力可以通过以下几个方面来实现。

1．假想成交

当你假设客户与你成交，你会怎么做呢？你会拿出一份合约来，或是谈一些具体的服务信息等。实际上，很多销售员都有这样一个感受，就是在销售进行到最后阶段，当他们拿出合约时，客户却产生了退缩的心理。这是因为，在最后的阶段，特别是金额较大的买卖，人们会在无形中产生一种“怕出错”的压力，这种压力导致他们会说：“我还不能马上做决定。”

现在，我要求你在客户未做购买决定之前，甚至是刚开始进行沟通的时候，就降低对方这种购买的压力。你可以在销售进行的过程中就自然而然地把合约摆在台面上，然后让客户把注意力转移到合约的细节中，从而避免客户最后出现的购买压力。而且，这样做的另一个好处是，你能成功地暗示客户：你已经开始进入决策阶段了。

2. 识别信号

不要等着最后去问客户是否购买，你应该通过自己的倾听和观察，捕捉到一些有效信号。例如，在你进行产品介绍时，当客户突然小声说道："听上去还不错。"你就可以停止继续介绍产品，而是把话转为："当然，肯定会让您满意。您是打算用现金还是签支票？"下面这几句话可以作为快速成交的信号，请你记住它们：

"我每月需要付多少钱？"

"最快什么时候可以送货？"

"亲爱的，我觉得女儿应该会喜欢的。"

"现在买还有什么优惠吗？"

……

3. 鼓励客户

为了避免客户最后使用"拖延战术"，你还可以主动鼓励他们。如果你是上门推销，你可以在进行推销的开始阶段就鼓励你的客户："很高兴见到您，我知道您是一位非常忙的人，所以我会直截了当地和您做生意。请允许我开始介绍我的产品，如果您有什么问题，请随时咨询我，我非常乐意帮您解决。如果您听完我的介绍后觉得产品符合或不能满足您的需求，都请您告诉我，可以吗？是的，我希望能得到您的反馈。"

除此之外，你还可以通过一些心理暗示来帮助客户做出决定，例如：

"我就喜欢您这样果断、有经验的人，现在好多年轻人一点主见都没有。"

"我上个客户和您的感觉很像，她是一位非常有主见的人，我相信您也是。"

"我刚从一个很纠结的客户那里过来，我相信您碰到那样的人一定会郁闷，不过我见怪不怪了。"

……

4. 使用筹码

如果你有一些能够促成成交的筹码，我建议你可以放在最后使用。这是一个常见的技巧，但十分管用。例如，你可以在对方犹豫的时候悄悄地对他说："先生，我看能不能帮您再申请点优惠的条件或是免费送您一些东西。"这种你事先就握在手中的筹码，可以在关键时刻起到“一锤定音”的作用。

但是不要上来就抛出筹码，那样做会让对方感觉你就是在促销，效果并不理想，很多年轻的销售员会犯这种错误。

5. 制造压力

有的时候，客户觉得自己还能再等一等、看一看的另一个原因在于，他们觉得自己选择的时间还很充裕。所以，你可以给他们制造压力点，或是给他们营造一种紧迫感，让他们尽快采取行动。

例如，一位基金代理人就使用了这种技巧：“罗德，我建议你赶快在我这里做点投资，看见没，道琼斯指数开始反弹了，再过几个月，我们的基金净值很有可能会翻个两三倍，一万美金可能变成三万。你买得越晚，赚得越少！我的很多客户今天都开始买入了，你今天给我消息如何？”

这五个技巧都能帮助你实现快速成交，需要额外注意的是，有一些技巧是在销售开始使用的，并不是留在最后才使用，而有的技巧是在销售最后才使用，你要很好地把握这一点，这会带给你财富！

◎销售中的心理“诡计”

随着不断地练习和实践，格森的销售业绩得到了突飞猛进的提升。现在，他已经成为公司里最受人欢迎和崇拜的销售员。我们为他感到高兴，他的改变再一次证明了控场理论和技巧的力量。

格森问我，销售中有没有类似上面讲到的心理“诡计”呢？当然，销售中也有一些心理“诡计”，例如，我在这一部分中讲到的一些心理暗示的内容，从某种意义上讲，也是心理“诡计”的体现。

当然，除了暗示，我们还有一些其他的心理“诡计”，可以帮助你弥补经验的不足、产品的缺陷等。例如，“让你的客户付出时间成本”，就是一条非常实用的“诡计”。

这条“诡计”非常简单，特别是面对那些注重时间的客户，例如一些知识分子等。他们会有一种惯性思维，做什么事情都会把时间当成成本计算在内，所以，你要做的是尽量占用他们的时间，形成销售。

例如，一位专门做房产租赁业务的经纪人就很喜欢使用这个“诡计”，当有客户打电话过来表示想租房时，他会热情洋溢地给客户做推荐，并邀请对方来看房。当客户想要咨询一些具体的问题时，例如内部装修、设施等，这位房产经纪人会说：“咱们见面说多好，还能看看房子，而且我这边有不止一套供您选择。您说呢？”

他的回答让客户想不出拒绝的理由，便花时间和他一起去实地考察。然后，这位经纪人便开始详细地介绍房子的各种信息，尽可能地占用客户的时间。这样做的结果往往是，即使客户稍微有一点不满意，但是由于花了时间成本而最终选择了租赁。如果他事先在电话里准确回答了客户的问题，恐怕客户都不会专门去看房了。

是的，当客户花了时间出现在你面前时，你成交的概率就会提高。

此外，你还要记住一点，作为一个销售员，你多卖出的每一元钱都是利润，也是你能力的体现。所以你要尽可能地不让对方砍价，你可以这样说对客户说：

“我也想给你优惠，但是公司就是这样定价的，我无法做主。”

“我也非常想给您打折，但是我们的价格已经是最低的了，真的。”

“我也希望能给您便宜点，但是我们的价格已经接近成本价了。”

“我真的不能再给您优惠了，您总不能让我亏钱卖给您吧。”

……

虽然你的客户也明白这些话可能含有水分，但是他们听了会感觉非常愉快，因为你向他们传递了一种“最低价”的信息，他们会在潜意识中产生划算、占便宜的想法，有利于你实现自己的目标销售价格。

还有一条销售完成之后的心理“诡计”，也经常被一些销售员使用。例如，当你和客户做成买卖后，你可以对客户说：“我相信很快您就会感谢自己做出正确的选择了！”或“您是我见过的最会做生意的人”，等等。

这些话对于客户是一种强烈的暗示，帮助他们认同自己的购买决定，同时也增强了客户购买产品或服务的愉悦感。他们会说：“哦，是吗？我也希望能像你说的那样。”这条“诡计”可以有效地避免客户在当天做出退订、退货的决定。

总之，销售中还有很多的心理“诡计”可以使用，你可以慢慢摸索出来，这些都能起到一定的积极作用，但最重要的是对整个销售控场的把握。

Part 8 控场与谈判：让对方被你牢牢掌控

◎无处不在的谈判

其实仔细想想，我们从小到大的生活中，已经经历过无数次的谈判了，只不过你没有意识到而已。从你小时候向父母争取一件玩具，到长大后参加的第一次面试，从你购买一件商品的讨价还价，到你说服别人为你做出行动的过程，这些都可以视为谈判。

从广义上讲，一切协商、交涉、磋商和商谈都可以算作谈判，所以，掌握谈判的控场技巧对你来说至关重要，甚至会影响生活的方方面面。像前面我们讲到的销售，也是谈判领域里的一个方面。

简单点说，谈判就是一种筹码的交换。这个感觉就像你有一样东西，对方也有一样东西，如果双方都对对方所有的东西感兴趣，那么就可以形成谈判。

一场成功的谈判，会让交换筹码的双方都感到满意。是的，让彼此都感觉自己赢了，这样才是最好的效果。但你会想，那还不简单，把两个人的东西都摆在台面上，进行交换不就行了？

可问题并不是你想的那样简单。举个例子，你的朋友有一辆汽车想要转让，这个时候你也想买一辆车，那么双方都有对方想要的东西：车与钱。实际情况是，你的朋友会有自己的心理价位，而你也有自己的心理价位，如果两个心理价位比较接近，你们就很容易达成一致："伙计，看来我们想得差不多。明天拿两万美元来吧，车你开走。"

但问题在于，很多时候谈判的双方心理价位不同。例如你想要那辆车，但你觉得一万五会比较合理，可你的朋友却想要两万，价位差距比较大，这个时候，你该如何通过谈判来完成交换呢？你能否通过谈判来说服对方给你降价呢？这个时候，谈判控场的技巧就尤为重要了。

再比如像解救人质那样的谈判，情况会更加复杂。绑匪拿人质做要挟，来换取他想要的东西——钱、交通工具、自由或其他什么。作为一名谈判专家，一方面要稳住绑匪的情绪，不要造成人员的伤亡，另一方面要通过谈判来和绑匪达成一致，而这种一致性必须努力降低绑匪的要求，否则这位谈判专家就会被认为缺乏能力。

谈判就是这样，越是金额巨大或情况紧急，人们面临的难题就越多。在商业社会中，关于某一个重要项目或议案的谈判甚至可能会长达数月、数年之久，所以，谈判并不是你想的那么容易，其难度甚至超出了你的想象。而且越是高难度的谈判，对手一定也越难搞定。

如果你对谈判并没有太多了解，我相信你一定遇到过这样的情况：别人手上有你想要的东西，例如衣服、电器、汽车、公司、各种资源等，通过沟通和协商，你们最终达成了意向，但你并没有让对方做出一点让步，也就是说对方没有给你降低一分钱，而相反为了达成协议你不得不改变你的报价。那么这种情况下你的谈判是失败的，因为表面上双方都达成了协议，但实际上对方赢了，你妥协了。在我看来，这种妥协并不能真正称为一次谈判。

在你学习控场技术之前，这种妥协的出现十分正常，但是当你开始使用控场技术进行谈判时，我相信情况会发生改变，你不会再随随便便妥协，而很有可能是对方做出了让步。

如果你真的成了一个谈判高手，你会发现你的生活会有翻天覆地的变化，这些变化体现在：

- 更和谐的家庭关系
- 乖巧听话的子女
- 顺利地升职、加薪
- 成为人际关系的中心
- 减少和别人发生冲突的可能
- 节省你的花销
- 得到更多的实惠
- 谈成更多的买卖
- 拥有更好的资源
- 变得更有自信
- 能承担更大的责任
- 更有说服力
- 做事的效率会更高

……

是的，这些你想要的，都可以通过出色的谈判能力来获得。而且，如果你愿意把谈判当成一种心理游戏的话，你会觉得这是一件非常有趣的事。

◎像FBI那样做好侦查

和所有的控场技巧一样，我们都希望你提前做好准备。这就像你打算去购买一处房产，如果你提前调查了一下该房产附近的平均地价、服务设施、交通情况、治安情况，你就会对房子有一个自己的心理底价。

所以，调查工作十分重要，这一点你也可以向 FBI 学习。一个经验丰富的 FBI 探员会想尽办法获得有用的线索，因为自己手上掌握的线索和证据越多，让真相水落石出的可能性越大。所以我建议你，无论你打算进行何种层次的谈判，你都可以试着列个表，上面有你掌握的各种线索或证据。然后根据这个表上所列出的信息，你就可以为谈判制订你的底价了。

比如，上面我们讲到的威尔的例子，如果他能够在房产经纪人奥里森拜访之前，就完成信息收集的工作，那么他就不会非常被动地被对方所操纵。如果能找到一些有利于降低成交价格的证据，或许能节省上万美元呢！

同样一位朋友，他在购买一套房产时，提前查阅了房屋所在地的新闻，发现这个地方之前出现过一些治安问题。于是，他把这一条作为自己的谈判优势，和房产经纪人进行砍价，结果成功地节省了两万美元。

你看，当你掌握一个有利的信息时，你就能节省下不少费用，所以你还有什么理由不认真提前准备呢？

当你为谈判进行充分的调查时，你除了要更好地把握底价和掌握谈判的筹码以外，还要对谈判的对方有所了解，这一点至关重要。

我曾经帮助一家企业进行收购性质的谈判，对方是一家小企业的老板。为了让谈判变得简单一点，我事先做了大量的调查工作，其中有一项就是对对方老板尼尔先生的调查。我通过朋友的关系了解到，尼尔的经济出现了一点问题，他持有的股票被套，并且刚刚在曼哈顿买了一套价格不菲的房子，而且还有一部分贷款没有偿还，所以尼尔最近在经济上十分紧张，我估计这是他想转让公司的主要原因之一。

这一点可以帮我代理的企业省下不少钱。我尽量放慢谈判的节奏，表现出一副不着急的样子，尼尔不断地催促我是否能尽快做决定，他暗示我说还有其他的收购对象在等着谈判，但是从他说话的神情中我看不到那种应有的自信。

于是，当谈判快要接近尾声时，我向他抛出了一个筹码：“尼尔先生，你看，我们谈了这么久却无法达成共识，主要是因为我们认为您的报价有些高出公司的实际价值。但是我们也很珍惜这次谈判和双方的宝贵时间，所以，如果你能够按照我说的，降低 137 万美元，我的客户愿意在合约签订的 30 日内将总价的 75% 付给你。要知道，其他公司是不会在这么短时间内按照这样高的比例支付给您的。”

我知道他希望用最快的速度拿到现金，所以我突出了付钱的时间优势，这一点让他十分心动。但是按照对方的一贯风格，尼尔先生面露难色地说：“请让我想一下好吗？”我摆了摆手，轻松地说：“当然。”

尼尔离开了谈判桌。过了十分钟，他回到房间，坐到我的对面说：“那就按照你说的方式吧，30 日内付 75%，不过越快越好。”

我点点头，这桩买卖谈成了，相信双方都很满意。

如果你想让谈判的优势向你这一方倾斜，你必须在谈判开始前做好充分的准备，你的谈判对手的经济情况、性格特点、行业地位等，都是你调查的对象，你可以从中找到一些可以利用的线索。

当然，在谈判开始前，你还可以制订两套甚至更多的方案。例如，你手上有几个对方感兴趣的筹码，你可以进行方案的组合。比如项目、钱、付款方式、优惠条件、股份、管理职位等，都可以进行组合，找到一个让彼此都满意的方式。这就是谈判！

◎假设你是对方

兰尼·威尔肯斯是我最喜欢的NBA教练员，是的，在我心里他的地位超过了传奇教练菲尔·杰克逊和“红衣主教”奥尔巴赫。他是NBA历史上一位赢球场次超过1000场的主教练，打破了奥尔巴赫创造的938场胜利的NBA纪录。

仔细研究兰尼所执教过的球队，你会发现不是每支球队都有像乔丹、科比那样以一敌三的巨星球员。但兰尼的成功之处在于，他每次都会去考虑对方的打法，并研究出有针对性的战术。这一招十分管用，一些NBA教练曾对我说，他们最讨厌和兰尼的球队比赛，感觉就像被“绑住了手脚”。

事实上谈判也是一场比赛，你的对手也有自己的战术和打法，所以我建议你像兰尼一样，使用换位思考去预测对方的战术，也就是从对方的角度进行思考。你可以问自己这样几个问题：如果你是对方，你会采用怎样的手段？你会使用怎样的筹码？你的实际心理底价是多少？

这对你的谈判准备工作十分重要。关于这一点，美国首屈一指的谈判专家罗杰·道森，通过实际行动给出了最好的证明。

1991年的一个夜晚，罗杰·道森正要休息，突然接到一个电话。打电话的人十分焦急地告诉罗杰，他在科威特石油公司的兄弟被萨达姆扣为人质，他打电话来想聘请罗杰·道森当他的谈判顾问。“无论花多少钱都愿意赎回我的兄弟。”罗杰的回答让对方颇感意外，罗杰·道森告诉他：“不用花一分钱赎金就能救回你的兄弟”。

这个人将信将疑地挂了电话，而事实上罗杰真的没有花一分钱就解救了人质。

罗杰·道森说：“美元并不能打动萨达姆，因为萨达姆并不缺钱，我们必须真正明白萨达姆想要什么。”接着，罗杰继续思考，他认为海湾战争期间，全世界对萨达姆的印象都很不好，萨达姆当时急需改善他的个人形象，因此罗杰决定调动新闻媒体来帮助他一起解救人质。

经过一番波折之后，罗杰·道森在伊拉克的邻国约旦见到了萨达姆，他通过自己强有力的谈判技巧，说服萨达姆在电视镜头前发表了20分钟的演讲，最后萨达姆释放了人质。所有人都知道，这是那段时期萨达姆所释放的唯一人质。

关于这段传奇的经历，罗杰·道森是这样总结的："我们必须站在对方的立场考虑问题，必须明白对方想要什么，因为我们想要的东西可能对对方来说是毫无价值的。"

罗杰说得没错，当你站在对方的立场上时，你就能真正把握对方的心理，而不会把时间和精力浪费在对方并不关心的事物上。

从控场的角度来说，当你预知对方所采用的战术和打法之后，你会更有效地掌控对方，让对方产生一种被"捆住手脚"的感觉。对方会想尽一切办法制约你，而如果你在谈判中能够成功地摆脱制约，你的胜算将会大出很多。

假如你有一家快餐店需要转让，你就要思考一下，和你谈判的对方会通过哪些方式来说服你给他更低的价格呢？他一定也会去调查一些信息，例如，你的店面销售情况，店铺附近的人流量和地理位置，你的店的品牌知名度，以及原料、人工等各项成本等。

当你知道他要怎么做时，你可以有针对性地准备好自己的回答，以及相关资料。这会让你在谈判桌上显得十分专业且信心十足，你是有备而来的！你不会稀里糊涂地就答应对方的条件，相反，你可以表现得更好，把一些有优势的，且是对方关心的地方突显出来，从而让对方被迫提高报价。

◎掌控谈判的气场

当你准备好一切，准备走向谈判桌时，你是否忽略了一样东西呢？这样东西对你来说十分重要，它就是你的气场。你不能拿出平时在公司里、朋友前表现出来的气场，因为那样的气场无法“震慑”住你的谈判对手。

请记住，一个出色的商业谈判手的气场由三个词来概括：强硬、吝啬和自信。

首先，你在对方面前要展现出一种强硬的气场，当对方感觉到了之后，他心里有一种压迫感，这种压迫感会让他逐步降低自己的要求。而且很重要的一点是，当你变得强硬时，你能很好地守护你的利益。

有一次，我的朋友韦尔奇先生（不是 GE 的前 CEO），去和另外一家公司的负责人洽谈项目合作事宜。对方认为自己有资金和市场的优势，希望韦尔奇能够降低合作的条件。但是韦尔奇却十分强硬，因为他相信自己的项目能够创造惊人的市场价值。

双方在这个问题上谈了几个小时，僵持不下。对方的负责人有点气急败坏了，开始以言语挑衅韦尔奇，甚至使用了一些比较粗鲁的字眼。但是韦尔奇并没有改变自己的态度，他只是使用了冷处理，将谈话的节奏放慢，并告诉对方："我们是来谈生意的，如果你对我提的条件不满意，可以随时终止谈判。但我希望我们不要因此而闹得不愉快。"

他掷地有声的话让对方立刻"熄了火"，最后，对方妥协了，韦尔奇通过自己强硬的态度让对方无计可施。他做得很不错！

事实上，一旦你在谈判中展现出一种软弱的气场，对方往往会变本加厉，你很快就会陷入十分被动的局面。

除了强硬，吝啬也应该成为你气场的一部分。在谈判桌上，吝啬不是一个贬义词，而是一种对自己利益有效争取的正确态度。你可以在生活中对自己的亲人、朋友大方，但是不要让你的谈判对手感觉到你很大方。因为当你让对手感觉到大方时，他们会想着从你那里获得更多的利益，这就意味着，要谈成某件事你需要付出更高的代价。

即使对方一开始为你开出合理的报价，你也要表现出十分谨慎和吝啬的一面，这应该是你在谈判桌上从始至终需要保持住的姿态。

你手上的所有筹码，无论是大是小，都不要轻易送给对方。例如，对方打算从你那里购买一批产品，你预计送货会产生几千美元的费用，虽然这笔费用相比产品本身的价格来说非常渺小，但是你要让对方来承担，如果他不愿意承担，那么你可以让他从其他地方来弥补这项费用对你造成的损失。总之，你不能让他白白享受你的免费送货。你要带给对方这样一个信息：天下没有免费的午餐。

当你那样做了，对方或许会暗示你："不用那样小气吧？"你要告诉他们："这不是小气，这是我一贯的原则 / 公司的规定 / 必须敲定的细节等。"

你还可以把计算器放在谈判桌上，这样能带给对方一种心理暗示：你是喜欢算计的人。这对你来说没有什么不好意思的，因为谈判本身就是一种算计，你得让对方知道这一点。

除此之外，谈判气场中另一个核心元素就是我们常说的自信。如果你花时间进行了控场的练习，我相信你能展示出自信的气场。这对你有很大的帮助，因为当你展示出自信来，对方会更相信你所介绍的内容，他们会在潜意识里认为你是在说实话。

你希望让对方产生这种信任感吗？那么你就需要时刻保持住你的自信，即使是在谈判的过程中，你遇到一些突发的情况，例如，对方制造了让你措手不及的压力点，都不要慌张。因为你一旦慌张，表情起了变化，说话语无伦次，你气场中的自信就会消失，对方便会乘胜追击让你降低条件，或是干脆拒绝和你合作。

不管怎样，你都要始终如一地保持住谈判时所应有的气场，当然，必要时，你还可以展示更有力的气场，例如你的威严等等。在这里，我送给你一个小故事，希望你能从中受到启发。

我曾经在一本书上看到这样一个故事，说的是一个马戏团正进行表演，驯兽师与老虎同关在一只铁笼中演出。突然，马戏团停电了，要知道在黑暗中，老虎的视线不受影响，但驯兽师却什么也看不见，形势非常危急。这个时候，驯兽师突然意识到，老虎并不知道人看不见它，于是他继续镇定地挥舞皮鞭，像平时那样表现出降伏猛兽的样子。就这样，老虎在驯兽师的指挥下，仍然表现得像是一只温驯的猫咪。

所以，掌控住你的气场，不要因为任何的波折而自乱阵脚。

◎较量从最初的报价开始

谈判的真正较量是从最初的报价开始的，请你记住一点，对方的第一次报价肯定是含有水分的。而新手常常犯的错误是轻易地接受对方的第一次报价，产生这个错误的原因有两点，一是对方的报价已经让你感到满意，二是你太急于求成希望能够尽快结束谈判。

无论出于哪种原因，你都不能轻易地接受对方的初次报价。无论对方报价是多少，你都表现出一种意外的神情，这样能给对方一定的心理暗示：你开的价格不合理。

例如，你想以 10 美元 / 股购入某公司的内部股份，对方可能会先报到 16 美元，然后向你传递一些说服你的信息，如果你妥协了，你每股会多花 6 美元，如果是几十万股、几百万股甚至是上千万股呢？你要多花很多的钱。

其实在真正的谈判过程中，对方也“不希望”你很随意地接受他们的初次报价。我在最初进入谈判这个行当的时候，有一次的经历让我意识到了这一点。那是多年以前，我受一家公司委托去谈一笔矿产的转让事宜。我把手上的资料带给了对方，而对方也实地考察过，于是在谈判桌上，对方报了价。

事实上，对方初次的报价已经比我预想的要理想得多，我实在想尽快谈成这笔生意，于是，我也很快做出了决定：接受对方的报价。

我本以为对方会为此感到高兴，他们第一次报价就做成了买卖，但我后来了解到，对方的老板并不高兴。原因在于，事后他一直怀疑这笔买卖是否含有水分，对方怎么这么轻易就答应了报价。

所以，现在我不会轻易接受报价，也不会轻易开价。因为一旦双方在初次价格的商量中就达成了协议，卖方会认为自己的开价有点低，买方会想自己买了含有水分的东西。双方都会感到不愉快。

其实，从控场的角度来看，无论你是买家还是卖家，你都应该争取先报价。这是因为，当你率先给出价格的时候，对方的注意力会集中在你报出的价格上，这对你是有一定优势的。

比如，你想卖出一套房子，你可以先报给对方价格，并把你这样定价的理由说出一些。而这个时候，对方的意识会集中在如何说服你降低报价上，而不是他一开始的心理底价，如果你的理由充足，他甚至会丢掉自己的底价，而只是想办法寻求一些降价。但相反，如果让对方先报价，你的意识就会受对方报价的影响。

而且，如果你是卖家，你报得越高越好，当然，你要有理由作为支撑，也不能胡乱报价。当你报得很高时，你会在两方面影响到对方，一是让对方在心理上形成落差，这种落差会让对方在潜意识中产生一种惧怕感，容易让对方失去士气；二是对方很容易会根据你的报价来调整自己的报价，这样形势就往你这边倾斜了。

现在假设你还是那位打算购买内部股份的买家，你的心理价位是 10 美元 / 股，当然，对方正计划向你报 16 美元 / 股。但是你抓住了主动，你先报出 6 美元 / 股的价格。你的报价一下子把对方吓了一跳，他会在心里想“他怎么报那么低”，在对方心理发生动荡的时候，你把准备好的一部分理由不慌不忙地讲给对方听。逐渐的，对方的注意力会完全放在你的报价和报价的理由上面，而最早订的计划已经被打乱。最终的结果很可能是，你以不到 10 美元 / 股的价格和对方达成了一致。

当然，无论你是买家还卖家，你先报出的价格一定会让对方颇感意外，所以我建议你在报价之前适当提醒一下对方，这样有利于缓和可能出现的紧张局面。你可以这样来提醒：

作为卖家：我开的价格可能会超出你的预期，希望你做好心理准备。

作为买家：我开的价格可能会低于你的预期，希望你做好心理准备。

但是你不要在开价时暗示对方价格可以再商谈，因为那样你的报价对对方的震慑力就会大大降低。如果对方表示："你的价格确实有点离谱，我们可以有商量的余地吗？"

如果你说没有，那很有可能使谈判走向破裂；如果你说有，那样你的强硬气场就会失去。当对方问这个问题时，你最好的回答是："如果你认为我的价格离谱，那请告诉我离谱的原因，我相信我会让你打消那个想法。"或是："如果你认为我的价格离谱，那么请先听一下我这样定价的原因。"

当你这样去表达时，气势还在你这一边，你的气场并未发生改变，你依然可以掌控全局。

◎不要轻易做出让步

无论你是卖方还是买方，你都不要轻易做出让步的决定。谈判就是一场讨价还价的游戏，当对方对价格不满意时，他一定会想尽一切办法来说服你做出让步。但事实上，你轻易让出一小步，对方就会想着让你给他再让一大步，最好的办法是根本不要让步。

不过，在实际的谈判中，例如作为买方，你的报价确实太低，你心里也明白对方很难接受。这种情况下，如果你“死咬着”价格不让步，最终有可能出现终止谈判的结果，当然你也不希望那样。而实际上，如果你能稍微让一点，对方也稍微让一点，其结果可能是皆大欢喜。

既然有时候让步不可避免，那我们可以做得更巧妙一些，我推荐你使用以下三个策略。

策略1：尽量同时让步

“你想让我让步吗？可以，不过你也要给我让步！”这是你可以使用的策略，实际上你在寻求一种互相让步的情况出现，但你会带给对方“寸步不让”的感觉。如果你是卖方，你可以告诉对方：“如果你能附加一些条件，我会考虑让一点价格。”如果你是买方，也可以说：“如果你能再附送我一些东西，我会考虑让一点价格。”

你要尽量使用“如果”，“如果”是你希望对方增加的一些条件，也同时告诉对方你不会单方面让步，这有利于你保持强硬的气场。

策略2：尽量拖延时间

如果你遇到了难缠的对方，你不得不让一点步才行的话，那么你可以使用时间战术，尽量把给出让步的时间往后拖。这样做的好处在于，你让对方无形之中在心里产生一种潜意识：“让他让一点步可真难啊。”在这样的潜意识的驱动下，对方往往在得到你的第一次让步之后便不再争取第二次让步了，谈判会尽快结束。

我在最近的一次谈判中也遇到了这种情况，根据我对整个场面的掌控，我认为有必要给对方适当让点步了。但是我并没有马上做出这个行动，而是尽量不那么早提及价格，当对方暗示我“不让步就终止”时，我耐心地告诉他："我希望您能耐心地让我把话说完，等我们双方都没有其他分歧了，再谈论价格，可以吗？”对方表示了无奈。

我会控制好谈判的节奏，尽量详细地和对方讨论除价格以外的各种问题，我能感觉到对方有点着急了，但是他又没有办法，因为我并没有做错什么啊。当时间一分一秒过去之后，我觉得差不多的时候，开始引导对方走向价格的讨论。对方语气坚定地表示我应该给出一个合理的价格，而不是最开始的报价，当他说这些话的时候，我看到他眼神中透露出一丝疲惫和恳请。

结果是，我稍微让了一点步，对方马上就同意了。

策略3：使用虚拟“主事人”

我相信你在购买一件商品时会遇到这样的情景，在一阵讨价还价僵持不下时，销售员为了做成买卖，会和你说类似这样的话："这样吧，你等我一下，我问问老板能不能给你便宜些。”于是，过了一会儿，销售员回到你面前，如果他看出你购买需求十分强烈的话，他会对你说："实在抱歉，老板说价格是无法改变的，不过可以送您赠品。”如果销售员认为可以给你优惠的话，他会说："我向老板争取了半天，我说您是一位特别好的客户，老板最后同意按照您的价格给您。"

事实上，销售员或许并没有和老板联系，他就是那个做决定的人，他可能当面打电话给老板，不过那也许是事先商量好的。只不过，他让你感觉到，他不是真正的"主事人"，他说了不算，但是他会根据你的情况做出调整，"传达"老板的意思。或许你还为他惊动老板的行动而感激不尽，实际上根本没有那么一回事。

在谈判中，如果有些条件你无法做出让步，你也可以搬出一个虚拟的"主事人"，然后告诉对方这是"主事人"自己坚持的条款，你无法做出让步。这样说，对方的自信心就会发生动摇。

即使你接受可以给对方让步的情况，你也要掌握好让步的时机。在关键的时刻，即使你让了很小一步，都能起到至关重要的作用。而且你要牢记，在让步时你要表现得极为勉强和不情愿，这样可以暗示对方"让步到此为止""不要再还价了"，同时也能满足对方在谈判中渴望得到的成就感。

◎解决分歧，走出困境

在谈判中难免会出现分歧，双方僵持不下，你争我夺，这是我们最不希望出现的局面，也是让很多谈判者感到头痛的局面。

例如，你想收购一家公司的一半股权，除了价格以外，你还可能和对方出现一些管理上的分歧。对方要求你在一些重要职位上使用公司原来的人，例如财务总监、营销总监等，但是你有自己的安排。于是，针对这一点，双方就会产生巨大的分歧，从而导致谈判难以进行下去。

这种情况下，如果针对某一分歧双方始终不能达成一致，气氛变得火药味十足，那么我建议你可以先使用“暂停”的战术，你可以和对方说:“既然我们在这个问题上暂时不能达成共识，那么我们不妨稍后再进行商议。”

你们可以先暂停谈判，等气氛得到缓和之后再继续进行谈判。另外，你也可以转移话题，从其他的细节入手继续谈判。

有的谈判手认为必须先解决重大的事项才能让谈判得以继续，但实际上，我建议谈判可以从一些容易达成共识的小的细节开始，这样做的好处是让彼此都能在潜意识中形成“默契”，方便解决后面的重大事项。

当你和对方再一次就之前未解决的分歧进行讨论时，你可以通过使用两个战术来解决这个问题。首先如果你真的认为如果对方不妥协，你肯定会放弃这次谈判的话，那么你就可以使用“将军”战术。

这就像象棋比赛中的“将军”一样，告诉对方，如果他不能退一步的话，那么你会放弃这次合作，并对此表示深深的遗憾。这个战术有可能让对方一下子屈服，也有可能对方选择放弃谈判，当然前提是，你能接受后者。是否使用这个战术，取决于你对对方心理的把握和决心。

有一次，我代一家公司去谈一笔买卖，我是买方。在谈判的过程中，最大的分歧在于我们想购买对方旗下的三家工厂，而对方突然变卦，只想卖给我们其中的两家。我们在这个重要的问题上产生了分歧，我看得出，我代表的公司开出的报价令对方有些动心，因为我在报价的时候对方的嘴角稍微上扬了一下，这个动作只是一闪而过但还是被我注意到了，我认为他对价格并没有异议。但是对方却坚持说那家不想转让的工厂对他们的整体业务十分重要，不想一起转让，可问题是这家工厂也是我们收购的重点。

僵持不下时，我叫了“暂停”，建议下午再继续谈判，对方并无异议。我在想，对方并没有主动和我讨价还价，但这并不表明他不想与我还价，很有可能他想为我制造相当困难的谈判局面，从而迫使我主动做出让步，提高报价。也有一种可能，对方确实因为业务的需要不想将三家工厂全部卖出，但只收购其中两家工厂对我的客户来说是不能接受的。

下午再次谈判时，我改变了我的态度，我严厉地对对方的谈判手说：“首先，你们突然更改转让的范围是违背谈判原则的，在这种情况下，我认为你们缺乏诚意。但是我和我的客户是带着诚意而来的，我们为你们开出了非常合理的收购价格，我相信你们也曾找其他收购方报过价，这没有关系，这是你们的自主权。如果因为有其他竞争方报出了更高的价格，而导致你们改变转让范围的话，那么我会主动退出，我不会随便改变报价！而且，中午我和我的客户通了电话，他决定要么三家工厂一起收购，要么全部放弃！所以，如果你们不能接受三家工厂全部转让的话，我想我们也没有必要再继续谈下去了。”

我相信我的话震慑住了对方，他的脸色变得不再那么好看，从他的眼神中我看到了慌乱。是的，我将了他一军。最后的结果是，我在价格上做出了一点小的让步，他们同意三家工厂一起转让了。

还有一种走出这种困境的方法就是尽可能地拖住对方，一次谈判不行就进行两次，两次不行就进行三次，虽然这种方式可能会占用你大量的时间、精力，但经验证明这很有效。最简单的例子就是你的小孩想让你给他买个玩具，他磨了你一次你没同意，第二次你没同意，第三次你就有可能同意了。

◎创造优势的技巧

在谈判中，你要尽可能创造你的优势。要知道，无论你是买方还是卖方，你的优势越明显，你在谈判桌上的影响力就越大。所以，很多经验老到的谈判者会从一开始就展示出自己的优势：强大的背景、雄厚的财力、顶级的谈判环境、高人一等的头衔、一个看上去非常棒的谈判团队等，这样从一开始就对对方的心理产生一种震慑力。

但我不会被对方的外表所震慑，因为坐在谈判桌前，你和对方就是平等的，即使他是奥巴马，只要你们双方都有彼此想要的东西，你一样也可以和他进行平等对话。

进入谈判时，你的优势可以通过以下六种技巧表现出来：

技巧 1. 突出独一无二性

在这个世界上有这样一条普遍存在的真理：越是稀有的东西越值钱。迈克尔·杰克逊的手套为什么比一套顶级音响还值钱，因为全世界只有一个迈克尔·杰克逊。所以，如果你是卖家，无论你卖给对方的是什么商品，何种货物，产权或股权等，你都要突出你的独一无二性。仅此一家！不怕竞争！要的就是这种感觉。

比如面试这件事，其实你是在向一家公司“卖”自己，对方通过薪水和各种福利来“购买”你的服务。那么这其实就是一场谈判，它符合了谈判的主要特征。

如果你想在这场谈判中把自己“卖”个好价钱，我建议你突出自己独一无二的方面。例如，你有某一项全球顶尖技术的认证，或是你在某个领域拥有别人没有的技术优势，或是你掌握日语、西班牙语、法语等语种，这些独一无二的特点胜过那些“我会使用办公软件”“我做过很多行业”“我是一个勤奋的人”等条件。

当然，如果你的形象在所有面试者里最帅气、最漂亮，这也是一种“独一无二性”，所以你会看到有些非常漂亮的女孩也很容易在面试中胜出。

技巧 2. 给对方压力点

如果你是买家，你可以在谈判桌的一边放上竞争者的产品目录，或印有竞争者 logo（标志）的文件，这样做会给对方制造压力点，你还可以装模作样地翻开其中的一页，与对方提供的资料进行对比。你要让对方感觉到他们并不是你唯一的选择，这样你在与对方进行还价时就会拥有心理优势。

当然，如果你是卖家你也可以这样做，你可以通过语言来暗示对方：你们的对手也不差钱！

技巧 3. 指出对方的利益

在谈判的过程中，如果你是卖方，你要重点强调：如果对方能够同意你的报价且双方谈判成功，他将会得到哪些实际的好处。例如，你打算卖掉自己的游艇，你可以向对方描述出海旅行的画面，你描绘得越清晰动人，对方就越想拥有它。对，这是我们控场理论中愿景描述的技巧，在谈判中依然管用。

技巧 4. 指出对方的劣势

对于买家来说，如果你能在谈判中恰到好处地指出对方的劣势，你就相当于在某种程度上建立了优势。比如，对方产品设计上的缺陷、运输的问题、品牌的问题、经营状况、付款方式等，只要你说得合情合理，你就可以不断向对方传输这样的信号："你的项目没有想象的那样好，所以我的报价/还价都是合理的！""你的产品种类中缺少了我们想要的那一种，所以你得给我们优惠些！"等等。

当然，你应该注意不要连续不断地"挑对方的毛病"，那样容易激怒对方，而是掌握好节奏，每隔一段时间向对方传输一次。

技巧 5. 利用场外信息

在你准备谈判之前，你是否收集了足够多的场外信息呢？例如，行业信息、金融环境信息、相关法案、随时可能推出的新的政府政策等，这些场外的信息表面上看和你的谈判无关，但实际上它们之间却有着千丝万缕的联系。

有一次，我代表客户和一家化工厂洽谈购买股份的事宜，在谈判中，我很明确地告诉对方："据我所知，参议院正在研究新的环保法案。如果新法案出台的话，根据你们的材料来看，我们将要花很大一笔钱更换污水处理设备。”这条信息有效地打击了对方的自信心。事实上，场外信息在很大程度上也会影响你的底价，所以请你在谈判前做足准备功课。

技巧 6. 不用写在合约里的优势

还有一种你可以创造出来的优势，例如，你可以暗示对方，如果从他们那里买的首批货非常不错，你愿意长期从他们那里进行购买。这不需要写到合约里，却是你的优势：你有可能源源不断地从他们那里进货。除此之外，你还可以找到很多不用写在合约里的优势，例如，争取在合约的付款时间到达之前提前付款、帮助卖家介绍一些新的客户、给买家提前安排送货等。

总之，你要尽量多地创造你的优势，发现对方的劣势，这样的谈判会更有利于你，最终的胜利者一定是你。不过当你成功地完成谈判后，记得要真诚地恭喜对方，永远不要说这样的话：“吉姆，你知道吗，你要是再坚持一下，我就不得不再给你让出一步了！”